Innenstadt

1 | Hauptbahnhof

Die Innenstadt Essens vereinigt eine Fülle von architektonischen und kulturhistorischen Zeugnissen aus verschiedenen Jahrhunderten, und nicht erst seit der Ernennung zur **Kulturhauptstadt 2010** und zur Grünen Hauptstadt 2017 ist das touristische Interesse groß. 1862 wurde ein erster hölzerner Bahnhof für die neugegründete Bergisch-Märkische-Eisenbahn-Gesellschaft errichtet, der aber 1897 abgerissen und durch einen prächtigen Neorenaissancebau mit grandioser zweischiffiger Bahnhofshalle nach Plänen von Fritz Klingholz ersetzt wurde. Erst im Zuge dessen erhielt er die Bezeichnung Essen Hauptbahnhof. Er ist ein Zeugnis des traurigen Schicksals der Stadt im Zweiten Weltkrieg. Den Bomben zum Opfer gefallen, erfolgte sein Wiederaufbau im Stile der Nachkriegsarchitektur in den 1950er Jahren. Im Laufe der Zeit wurde er aber zu eng und baufällig. 2008 begann eine weitgehende Renovierung und Modernisierung, die pünktlich zum Kulturhauptstadtjahr abgeschlossen werden konnte. Heute zählt er mit einem Strom von etwa 170 000 Reisenden am Tag zu den wichtigsten deutschen Bahnhöfen.

Kulturhauptstadt 2010
Im Jahr 2010 erhielt Essen den ehrenvollen Titel Europäische Kulturhauptstadt. Wieso Essen, fragte man sich allerorten. Aber die Erklärung ist einfach: Essen erhielt den Titel stellvertretend für die 53 Städte des Ruhrgebiets, es wurde also erstmalig eine Region geehrt. Essen präsentierte sich das ganze Jahr über, die anderen Städte waren jeweils eine Woche lang »Local Hero«. Die 2006 gegründete (und 2011 aufgelöste) Gesellschaft RUHR.2010 GmbH organisierte und koordinierte alle Aktivitäten, die die Entwicklung der europaweit legendären Kohle- und Stahlregion zu einer Kulturregion vorantreiben halfen.

2 | Willy-Brandt-Platz

Der Aufstieg Essens im 19. Jahrhundert zu einer **Industriemetropole** ist aufs engste mit der Firma Krupp verknüpft. Als Alfred Krupp 1848 die Gussstahlfabrik seines Vaters übernahm, wurden die Zeiten für die Stahlproduktion immer günstiger. Das aufkommende Eisenbahnwesen benötigte Unmengen davon, und die Gründung des Deutschen Zollvereins verstärkte den Güterverkehr um ein Vielfaches. Um die Stadt herum entstand das dichteste Eisenbahnnetz des Ruhrgebiets, zahlreiche Zechen wurden erschlossen, die Bevölkerung wuchs sprunghaft, und Essen wurde zum Zentrum der Montanindustrie in Deutschland.

Steht man vor dem Hauptbahnhof auf dem Willy-Brandt-Platz, der Erweiterung des einstigen Kettwiger Tors und Eingang zur Innenstadt, sieht man sich mehreren Gebäuden gegenüber, die den Aufstieg Essens zur **Industriemetropole** architektonisch widerspiegeln. Da ist zunächst links die Hauptpost. Die Fassaden an der Hachestraße, 1924 in beinahe expressionistischer Backsteinarchitektur errichtet, wirken heute, ihrer Ornamentik durch Kriegsbeschädigung beraubt, ziemlich trist und uniform. Nur der dreieckige Erker in Muschelkalk über dem Tor lockert die Front auf. Dem schließt sich zum Platz hin der 1933 fertiggestellte Kubus in Werksteingliederung an, der auch heute noch zeitlos und modern wirkt. Rechts folgt neben der Hauptpost das ehemalige DeFaKa-Kaufhaus, heute Galeria Karstadt Kaufhof. Die Deutsche Familien-Kaufhaus GmbH, eine aus den 1920er Jahren stammende, deutschlandweit operierende Warenhauskette, schloss 1976 ihre Pforten und wurde vom Düsseldorfer Horten-Konzern übernommen, der das 1937 entstandene Gebäude abreißen ließ. 1978 eröffnete das neue Horten-Warenhaus, verkleidet mit den von Egon Eiermann entwickelten »Hortenkacheln«.

3 | Handelshof

Auf dem Grundstück des einstigen Hotels »Zum Adler« entstand 1911/12 nach Plänen der Architekten Carl Moritz und Werner Stahl ein prächtiger sechsgeschossiger Monumentalbau, das Hotel Handelshof, das man nicht nur an seiner Leuchtschrift **»Essen – Die Einkaufsstadt«** erkennt. Im Krupp-Jubiläumsjahr 1912 eröffnete das noble Haus, unter dessen Dach sich nicht nur Büros, Ausstellungsräume, Ladenlokale, ein Kino, ein Kabarett und das Hotel befanden, sondern mit dem Essen auch ein beliebtes Postkartenmotiv erhielt. Die Bombardierungen des Zweiten Weltkrieges hinterließen auch hier schwerste Schäden, aber der Wiederaufbau erfolgte zügig und ohne größere Veränderungen. Besonders die Schauseite, die Front zum Hauptbahnhof, wirkt symmetrisch und ausgeglichen. Ein Kentaurenpaar flankiert den Haupteingang, und man kann Putten und selbst einen kleinen Hund an der Kette entdecken. Als Benito Mussolini 1937 die Stadt besuchte, schmückte man den Handelshof mit einem Transparent, das die Aufschrift »Herzlich Willkommen in der Waffenschmiede des Reiches« trug. Aber man verbindet das Hotel auch mit dem Schauspieler Heinz Rühmann (siehe S. 35), dessen Eltern 1913 das Haus führten.

Seit 1951 scheint er auf dem Dach des Hotels Handelshof, der Schriftzug **»Essen – Die Einkaufsstadt«**, auch wenn nicht immer alle Buchstaben leuchten. Die Bezeichnung wurde schon 1938 von einer Werbegemeinschaft geprägt, aber seit den 1950er Jahren ist sie Programm. Sie sollte den Wiederaufbau des schwer zerstörten Ruhrgebiets ankurbeln und hatte Erfolg. Innerhalb von zehn Jahren, bis 1960, verdoppelte sich der Umsatz der Einzelhandelsunternehmen. Heute prägen über 1000 Warenhäuser und Geschäfte das Bild der City rund um die Fußgängerzonen Kettwiger und Limbecker Straße.

HDT
HAUS
DER
TECHNIK
erbraucherzentrale

4 | Haus der Technik

Die ehemalige Börse, 1924 nach Plänen des Essener Architekten Edmund Körner errichtet, wird seit 1936 als »Haus der Technik« genutzt. Körner bediente sich der Gegebenheiten des spitz zulaufenden Grundstücks, indem er einen langgestreckten Kopfbau mit 14 Arkaden entwarf, dessen schmales Ende in zwei Dreieckserkern aufgelöst wird. Der ganze Kopfbau tritt wie ein Turm heraus. Durch einen Bombentreffer wurde der Bau fast vollständig zerstört. Beim Neuaufbau kam ein Stockwerk hinzu, Säulen und Rundbögen erfuhren eine Glättung. Vom einst reichen Bauschmuck kann man heute an der Ostfassade nur noch zwei Köpfe des Bildhauers Will Lammert entdecken. Sie haben die Säuberungen der Nationalsozialisten überlebt, alles Übrige wurde als »entartete Kunst« entfernt. Das »Haus der Technik« ist ein 1927 gegründetes Institut für technisch-wissenschaftliche Fortbildung, das auch heute noch weltweit mit mehr als 5000 Referenten tätig ist.

5 | Eickhaus

Tourist Information (Kettwiger Straße 2–10)
Mo–Fr 10–18 Uhr, Sa 10–16 Uhr

Der Spaziergang führt nun in die Kettwiger Straße. Hier passiert man links das 1915 errichtete Eickhaus. Sein Erbauer, **Georg Metzendorf**, war einer der bedeutenden Architekten, die am Beginn des 20. Jahrhunderts mit ihren Bauten maßgeblich das Bild Essens veränderten. Für das Eickhaus, dessen Name vom ersten Besitzer, dem Wohn- und Einrichtungshaus Eick Söhne herrührt, entwarf Metzendorf ein auffälliges Pagodendach, das nach dem Zweiten Weltkrieg durch ein Flachdach ersetzt wurde.

6 | Glockenspielhaus

Ein beliebter Anziehungspunkt ist das rechts gelegene Glockenspielhaus, vor dem sich stündlich die Passanten sammeln, um dem Glockenspiel zu lauschen. Das Glockenspiel war 1928 ein Geschenk des Juweliers Deiter an

Georg Metzendorf
1874–1934, Architekt, Stadtplaner und Designer. Metzendorf, Mitglied u. a. des Deutschen Werkbundes und Lehrer an der Darmstädter Künstlerkolonie, entwarf im Auftrag der Margarethe-Krupp-Stiftung die Margarethenhöhe (siehe S. 49), ein Pilotprojekt experimentellen Städtebaus, für das er laut Regierungserlass von allen Gesetzen und Bestimmungen befreit war. Er war beteiligt an der Projektierung der Gartenstädte Hüttenau bei Hattingen (NRW) und Hellerau bei Dresden. Erhalten sind u. a. die ehemalige Stadtsparkasse (1929/30, heute Theaterpassage in der Rathenaustraße 2–4), das Modehaus Ansons (1913–1915, Kettwiger Straße 1) und die einstige Werkbundhalle (1914, heute Jugendhalle im Stadtteil Schonnebeck).

Lichtburg

die Stadt; den Zweiten Weltkrieg überlebten die Glocken in verschiedenen Bauernhöfen im Sauerland. 2016 übernahm die Juwelierskette Pletzsch die Geschäftsräume und ließ das Glockenspiel komplett restaurieren. Alle Viertelstunde ertönt der Westminsterschlag von Big Ben, und von 9 bis 20 Uhr werden zur vollen Stunde von den 26 Bronzeglocken Volkslieder gespielt, die in der Adventszeit von Weihnachtsliedern abgelöst werden. Dazu bewegen sich kupferne Figuren der Essener Geschichte in ihren Erkerfenstern, darunter Kaiser Heinrich III., Herzog Wilhelm von Kleve und der Verkünder der Reformation in Essen, der Pfarrer Heinrich Barenbroch.

7 | Lichtburg

Hat man nun die Querstraße I. Dellbrügge überquert (es gab im Mittelalter zwei Straßen mit dem Namen, der Dielenbrücke bedeutet und auf die Bohlen hinweist, mit dem die Straßen belegt waren), steht man vor der Lichtburg, mit 1250 Plätzen Deutschlands größtem und wohl auch schönstem Filmpalast. Trotz ihrer Größe hat die Lichtburg aber nichts mit den sterilen Monsterkinos der Gegenwart gemein. 1928 errichtet, gilt sie als ein Paradebeispiel unaufgeregter Sachlichkeit. Die Schaufassaden, streng rechtwinklig durch Fensterbänder und Gesimse gegliedert, sind mit Werksteinplatten verkleidet.

Zur Eröffnung konnten 2000 Besucher Platz nehmen, und damit das Ganze nicht in heilloser Verwirrung endete, gab es eine elektrische Platzmeldeanlage. Saß der Gast, meldete ein elektrisch geschlossener Kontakt der Kassiererin, dass der Platz besetzt sei. Der jüdische Betreiber Karl Wolffsohn, Großvater des Historikers Michael Wolffsohn, wurde 1934 zum Zwangsverkauf genötigt, konnte nach Israel fliehen und versuchte nach 1945 vergeblich, sein Kino zurückzuerhalten. Die Lichtburg selbst wurde 1943 fast vollständig zerstört. Um 1950 wieder aufgebaut, ist sie seit der glanzvollen Wiedereröffnung 2003 eines der beliebtesten Premierenkinos Deutschlands. Der sorgfältig restaurierte große Saal mit seiner Theaterbühne bietet einen außergewöhnlichen Rahmen für Veranstaltungen wie Konzerte, Musicals, Theater, Tanz, Lesungen, Jubiläen und Preisverleihungen.

8 | Baedekerhaus

Der **G. D. Baedeker Verlag** wurde 1816 von Gottschalk Diedrich Baedeker (1778–1841) mit Druckerei, Buchhandel und Zeitungsverlag gegründet. Unter seinen Söhnen Eduard und Julius erfolgte im späteren 19. Jahrhundert die Expansion des Verlages mit der Herausgabe von Bergbau-Kalendern, pädagogischer Literatur und Zeitungen. Der älteste Bruder Karl eröffnete 1827 in Koblenz den Verlag Karl Baedeker und revolutionierte 1828 mit dem ersten, in Essen gedruckten Rheinreiseführer die Reiseliteratur, indem er die Reisenden unabhängig von Fremdenführern machte. Die Buchhandlung G. D. Baedeker gehört seit 2007 zur Thalia Bücher GmbH.

Bereits am Ende des 18. Jahrhunderts befand sich in dem einstigen Wohnhaus der Stiftsdame Maria Theresia Gräfin von Harrach bei Rohrau, der Harrachschen Kurie, die Buchdruckerei von Zacharias Gerhard Diederich Baedeker, der 1777 von der letzten Stiftsäbtissin Maria Kunigunde von Sachsen und Polen zum Hochfürstlichen Hofbuchdrucker ernannt worden war und Essens damals einziges Presseorgan, die »Essendische Zeitung von Kriegs- und Staatssachen« herausgab. Nebenbei führte er in der Kurie eine Buchhandlung, Schreibwarenladen, Anzeigenannahme, die Lotteriestelle und ab 1790 Essens ersten kommerziellen Buchverleih. Bereits mit 20 Jahren übernahm sein Sohn Gottschalk Diedrich die Geschäfte seines kranken und fast blinden Vaters, verließ aber die Kurie und verlegte das Unternehmen in das ehemalige Heilig-Geist-Hospital am Kopstadtplatz. 1817, nach der Gründung seines eigenen, des **G. D. Baedeker Verlages**, erwarb er die ehemalige Kurie und kehrte wieder an die Kettwiger Straße zurück.

1928 ließ die Stadt Essen, mittlerweile Eigentümerin des Areals, anstelle des alten Verlagsgebäudes einen sechsgeschossigen Stahlbetonskelettbau nach Plänen des Architekten und Stadtbaurates Ernst Bode errichten. Der Monumentalbau mit überlebensgroßen Figuren von

Joseph Enseling trägt an der oberen Hausfront den über einen Meter hohen bronzenen Schriftzug »Baedekerhaus«, den man wegen der davorstehenden Bäume aber schlecht sehen kann. Noch drei Generationen der Familie führten den traditionsreichen G. D. Baedeker Verlag, bis er 1983 in fremde Hände ging. Heute residieren in dem denkmalgeschützten Haus die Filiale einer großen Bekleidungsfirma und die 1817 in Aachen gegründete Mayersche Buchhandlung.

Kaiser-Wilhelm-Denkmal auf dem Burgplatz

9 | Burgplatz

Am Burgplatz befand sich die Keimzelle der Stadt Essen – ein geschichtsträchtiger Ort, dem man das allerdings nicht mehr ansieht. Hier, günstig am Hellweg, dem wichtigsten Handelsweg, gelegen, befand sich die Grundherrschaft Asnithi (auch Asnidi), aus deren Namen sich später Essen entwickelte. Der Besitzer war der sächsische Adlige Altfrid, von dem man nur das Todesjahr 874 kennt, in dem er als Bischof von Hildesheim verstarb. Auf Asnithi jedenfalls gründete er – oder seine Schwester Gerswit, das ist nicht ganz gewiss – etwa 845 das Stift Essen. Auch hier kennt man das genaue Datum

nicht, denn 946 gab es einen großen Brand, bei dem Archiv und Bibliothek des Stiftes vernichtet wurden. Großangelegte Ausgrabungen förderten zu Beginn des 20. Jahrhunderts Mauerreste zutage, die zu einem Wehrumgang gehört haben müssen. Auch die Überreste eines Turmfundaments entdeckte man, das den Archäologen bis heute Rätsel aufgibt. Im 6. Jahrhundert wurde hier ein Friedhof eingerichtet.

Im 18. Jahrhundert zierte eines der prächtigsten Gebäude der Stadt den Platz, das Jesuitengymnasium, heute Standort der Volkshochschule. Staatstragende Bedeutung erhielt der Burgplatz 1898 mit der Enthüllung des Kaiser-Wilhelm-Denkmals von Hermann Volz. In den 1920er Jahren, als Essen längst eine Großstadt war, verlor der Burgplatz seine kleinstädtische Prägung.

Heute umgeben ihn an der südlichen Front die Lichtburg, die Volkshochschule und das Burggymnasium, an der nördlichen Front der Dom und die Kirche St. Johann Baptist sowie das Bischofshaus. Letzteres wurde 1955/56 nach Plänen von Emil Jung neu errichtet. Das Portal mit schmiedeeisernen Gittern gestaltete der Bildhauer Ewald Mataré. Im Mittelpunkt des Türgitters findet man auf einem Schild die Stiftsgründer Altfrid und Gerswit, wirklich berühmt aber ist der ebenfalls von Mataré geschaffene lebensgroße goldene »Segnende Engel« auf dem Giebel.

Links: Bischofshaus
Unten: Volkshochschule

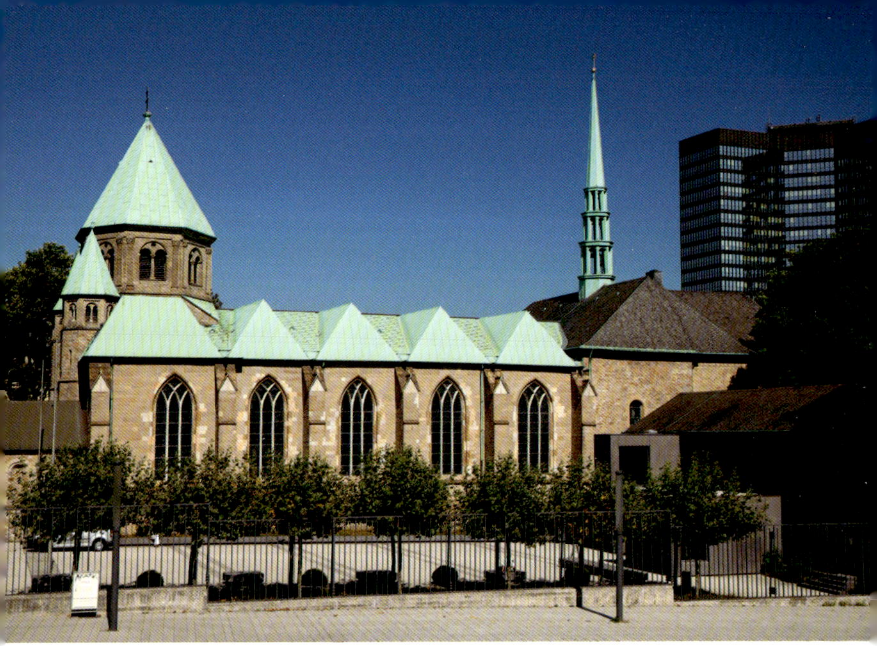

10 | Dom Essen

Mo–Fr 6.30–18.30 Uhr (außer Mo/Fr 8–10 Uhr),
Sa/So 9–19.30 Uhr

Altfried
Um 800–874, Bischof von Hildesheim und (Mit-) Begründer des Essener Frauenstifts. Altfrid entstammte einem einflussreichen sächsischen Adelsgeschlecht. Während einer Reise nach Rom 845/47 erwarb er Reliquien der Hll. Cosmas und Damian. 851 trat er die Nachfolge des verstorbenen Bischofs von Hildesheim, Ebo, an. Nach seinem Tod wurde Altfrid in Essen hoch geschätzt, seit 1965 darf er als Heiliger verehrt werden. Sein Gedenktag ist der 16. August, der in Essen mit einem festlichen Gottesdienst und der Anbetung seines Reliquienschreins begangen wird.

Über den Domhof erreicht man das Atrium, dessen Eingangstür die Patrone des Domes schmücken: Maria sowie die Märtyrer und Heiligen Cosmas und Damian. Das Atrium mit dem um 1400 geschnitzten Kruzifix und der 1983 geschaffenen Lichtöffnung zur Krypta verbindet die Anbetungskirche St. Johann Baptist und den Dom, den man zuerst besichtigen sollte.

Altfrid wurde 851 zum Bischof von Hildesheim geweiht und bestimmte das Stift zu seiner letzten Ruhestätte. Die Stiftsfrauen waren adeliger Herkunft. Oft wurden sie schon im Kindesalter aufgenommen, aber es stand ihnen frei, das Stift zu verlassen, um zu heiraten. Zur Versorgung des Stifts entstand eine kleine Ansiedlung, die spätere Stadt Essen, und für das Seelenheil eine hölzerne Kirche, geweiht der Mutter Maria und den Heiligen Cosmas und Damian, deren Reliquien Altfrid in Rom erworben hatte.

Mehrere der folgenden Äbtissinnen entstammten dem ottonischen Herrscherhaus, und diese enge Verbindung ermöglichte die Umwandlung in ein Reichsstift, das als Bildungseinrichtung nicht nur über eine bedeutende Bibliothek, sondern auch über ein eigenes Skriptorium (Schreibwerkstatt) verfügte.

In der Mitte des 13. Jahrhunderts – die ottonische Stiftskirche litt an Baufälligkeit, während sich die Siedlung Essen prächtig entwickelte – kam es zu einem großen Brand. Äbtissin Berta von Arnsberg, insgesamt beinahe 50 Jahre im Amt, ordnete einen Neubau an. Meister Martin, ein an Kirchenbauten in Burgund und der Champagne geschulter Baumeister, konnte noch vorhandene Teile des ottonischen, romanischen Vorgängerbaus integrieren (so den Westbau, den Vorchor und das Querhaus), und daran ein Langhaus und einen Ostchor im noch relativ neuen gotischen Stil errichten. In der neuen Chorhalle fand 1292 die Wahl der nächsten Äbtissin statt, Beatrix von Holte. Das war eine energische Dame, die sich wiederholt mit dem Kölner Erzbistum um das Recht der freien Vogtswahl stritt. Aber auch mit ihrem Baumeister geriet sie in Streit, was ihn 1305 zur Niederlegung seines Amtes bewog. Unter seinem Nachfolger wurde die Kirche vollendet, 1316 erfolgte ihre Weihe.

Die nächsten 700 Jahre sind schnell erzählt: Im 15. Jahrhundert war die Macht des Essener Stifts un-

geheuer gewachsen, die Damen verwalteten bis zu 3000 Besitztümer. 1439 wurde ein hoher Turm über der Vierung errichtet, und nicht lange darauf verkürzte man das Atrium, als die einstige Taufkapelle zur Johanneskirche umgebaut wurde. Im 18. Jahrhundert erfuhren beide Bauten in ihrem Inneren eine umfassende Barockisierung, die aber etwa 100 Jahre später wieder rückgängig gemacht wurde. Das Stift überstand zum Teil die Reformation in Essen, nicht aber die Säkularisation 1803 unter seiner letzten Äbtissin **Maria Kunigunde von Sachsen und Polen**. Schlimm erging es dem Bau in den Jahren des Zweiten Weltkrieges. Lediglich die Krypta und der Westbau blieben unversehrt, die Kunstschätze hatte man vorsorglich ausgelagert. Nach ersten Sicherungen, der Bergung von erhaltenen Fragmenten, der Einrichtung einer Bauhütte und der Gründung eines Münsterbauvereines begann 1947 der Wiederaufbau, der zehn Jahre später abgeschlossen war. Die gotische Hallenkirche aus dem 14. Jahrhundert war wiedererstanden. Nur wenige Bauteile wurden dem Geschmack der 1950er Jahre entsprechend schlichter gestaltet. Erst mit der Errichtung des Ruhrbistums 1958 erhob man das Münster zur Bischofskirche und somit zum Dom.

Der Essener Dom hat in seiner äußeren Gestalt nichts von den hochaufstrebenden gotischen Kathedralen, wie man sie von Paris, Reims oder Köln kennt. Der Grund liegt zunächst in der strikten Abgrenzung des Essener Stifts vom Kölner Erzbistum und weiter in der Anlehnung des Baus an die ottonische Vorgängerbasilika. Eher gedrungen und schwer wirkt der Baukörper. Tritt man vom Atrium jedoch ins Innere, befindet man sich in einer weiten Halle, die von den beinahe gleich hohen Seitenschiffen flankiert wird. Der rechteckige Ostchor ist einer der ältesten im deutschen Raum und in seiner Teilung in Haupt- und zwei Nebenchöre untypisch für den mitteleuropäischen Kirchenbau des 13. Jahrhunderts.

Unter dem Westbau kann man in die Adveniat-Krypta hinabsteigen, die 1981/83 als Begräbnisstätte der Bischöfe errichtet wurde. Tritt man nun einige Schritte ins Langhaus, steht man vor dem Siebenarmigen Leuchter, einer Nachbildung des jüdischen Tempelleuchters. In der christlichen Tradition steht die Menora für Jesus, das Licht der Welt, und seine sieben Arme symbolisieren die sieben

Maria Kunigunde von Sachsen und Polen
1740–1826, Prinzessin aus dem Haus der albertinischen Wettiner, letzte Fürstäbtissin von Essen und Thorn (NL), Enkelin von Kurfürst August dem Starken. Eigentlich war sie als zweite Ehefrau des späteren Habsburger Kaisers Joseph II. vorgesehen, aber ein Kennenlernen verlief unglücklich und die Ehe blieb ihr erspart. Mithilfe von 45 000 Gulden wurde sie 1776 einstimmig zur Fürstäbtissin gewählt, zog zu ihrem Bruder Clemens Wenzeslaus nach Koblenz und übernahm seine Regierungsgeschäfte als Kurfürst von Trier. Maria Kunigunde starb in Dresden und wurde in der Katholischen Hofkirche beigesetzt.

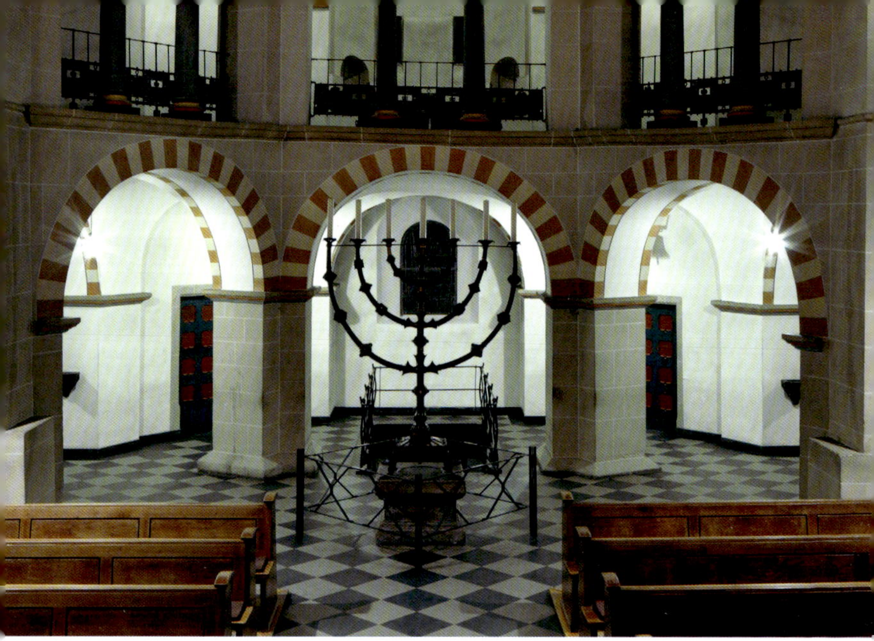

Siebenarmiger Leuchter

Goldene Madonna

Gaben des Heiligen Geistes. Er besteht aus 46 einst feuervergoldeten Einzelteilen und wurde während der Amtszeit der Äbtissin Mathilde um 1000 gestiftet. Damit ist er der älteste seiner Art in Nordeuropa.

Wendet man sich nun um zum Westbau, kommt man nicht umhin, die Kunst der romanischen Baumeister aus dem 10. Jahrhundert zu bewundern. Seine Arkaden sind reich geschmückt mit Nischen, Kapitellen und Resten von Malereien, deren Vorbilder im Aachener Dom zu finden sind. Eine Tür am nördlichen Seitenschiff führt zum Kreuzgang. Die Vierflügelanlage erfuhr im Zweiten Weltkrieg schwerste Zerstörungen, und so ist einzig der Ostflügel mit seiner flachen Decke (1230/40) noch original erhalten. Spitzbogenarkaden öffnen sich zum Innenhof, der Begräbnisstätte der Domkapitulare.

Unter den Emporen des nördlichen Seitenschiffes gelangt man zum wertvollsten Schatz des Doms, der **Goldenen Madonna**. Darüber, auf der nördlichen Chorempore, spielt die Domorgel, ein Instrument der Orgelbaufirma Rieger aus dem Jahr 2004 mit vier Manualen, 69 Registern und 5102 Pfeifen. An den Chorpfeilern finden sich die lebensgroßen Holzfiguren der Kirchenpatrone, der Hll. Cosmas und Damian, vom Anfang des 16. Jahrhunderts. Den Chor beherrscht die 1959 hier aufgestellte Kreuzsäule mit einer Höhe von 4,56 Metern. Urkunden belegen, dass sie bereits vor 971 in die Kirche gelangte. Auf einem kannelierten Untersatz steht ein Marmorschaft, der ein nach antikem Vorbild kopiertes korinthisches Kapitell trägt. Das originale bekrönende Reliquienkreuz ist verlorengegangen. Es wurde von der Goldschmiedin und Benediktinerin Lioba Munz im 20. Jahrhundert neu geschaffen. Aus einer geschmiedeten Blattknospe wächst es hervor, eher floralen Charakters, und verzweigt sich in vier Blätter, die kreuzförmig um eine Glasschale angeordnet sind und zugleich das Leben symbolisieren.

Einige Stufen führen unter den Chor in die Altfrid-Krypta. Sie wurde 1051 geweiht und verdankt ihren Namen dem steinernen Sarkophag mit den Gebeinen Altfrids. Zurückgekehrt in den Kirchenraum führt der Rundgang weiter durch das südliche Seitenschiff, in dem ein Heiliges Grab seinen Platz gefunden hat. Die Baldachinfiguren der Hll. Cosmas und Damian entstammen dem späten 14. Jahrhundert, während die Nischenfiguren um 1520 durch spätgotische Skulpturen ersetzt wurden. Drei Marien sind versammelt: Maria Magdalena, Maria Salome (eine Jüngerin Jesu) und Maria Jakobi (die Mutter des Apostels Jakobus).

Die **Goldene Madonna** wurde um 980 wahrscheinlich in Essen gefertigt. Die thronende Madonna als Sitz der Weisheit trägt das Christuskind in ihrem Schoß und hält ihm die Weltkugel vor Augen. Sie ist nur 74 Zentimeter groß und besteht aus Goldblech; ihr Holzkern wurde 1915 durch eine gegossene Masse ersetzt. Die Augen sind als Emaillen eingelegt, Kugel, Buch und Heiligenschein des Kindes sind reich mit Filigran und Edelsteinen verziert. Sie gilt als die älteste erhaltene vollplastische Marienfigur des Abendlandes und wurde im Mittelalter bei den großen Prozessionen im Kirchenjahr mitgeführt.

Grablegung Christi
(um 1520)

DEIN
DOMizil

11 | St. Johann Baptist

Mo–Fr 6.30–18.30 Uhr, Sa 6.30–18 Uhr,
So Messe 7.30/16 Uhr

Eine Tür führt vom Atrium in die Anbetungskirche St. Johann Baptist. Das ehemalige Baptisterium (Taufkapelle) des 10. Jahrhunderts, das im Laufe der Jahre immer mehr erweitert wurde, nutzten die Geistlichen des Stiftes, also die für die seelsorgerische und liturgische Betreuung der Stiftsfrauen zuständigen Kanoniker, seit dem 13. Jahrhundert für ihre Gottesdienste. Im Zuge von Bauarbeiten am Dom kürzte man das Atrium, um aus der Kapelle eine Kirche zu bauen. 1471 war die dreischiffige spätgotische Hallenkirche mit einem eingebauten Westturm vollendet. Vom Vorgängerbau stammt noch der sterngewölbte Rechteckchor. Auch St. Johann wurde im Zweiten Weltkrieg zerstört. Beim Wiederaufbau ersetzte man die drei parallelen Satteldächer durch ein verschiefertes Walmdach, der Turm erhielt ein steiles Schieferdach.

Alle Ausstattungsstücke, bis auf den spätgotischen Taufstein aus dem 15. Jahrhundert, entstammen der einstigen barocken Ausstattung des Doms. Unbedingt betrachten sollte man das zweiteilige Flügelgemälde von Barthel Bruyn d. Ä. (auch Bartholomäus, 1493–1555). Er gehörte zu den bedeutendsten deutschen Porträtmalern der Renaissance. Auf den Außenseiten der beidseitig bemalten Flügel ist neben einer typischen Kreuzigungsszene auch die Beweinung Christi dargestellt. Hinter dem zentralen Geschehen findet man die älteste Darstellung der Stadt Essen mit Steeler Tor, Stadtmauer, Stiftskirche und Marktkirche. Die Reste zweier Seitenaltäre der Stiftskirche von Joseph Ignatius Fell (1770) bilden heute den Hochaltar der Johanneskirche, die seit 1935 als Anbetungskirche dem stillen Gebet vor dem Allerheiligsten dient.

An der Nordseite der Kirche kann man noch das letzte im Stadtkern erhaltene Fachwerkhäuschen aus dem 18. Jahrhundert entdecken: die Sakristei von St. Johann in der Gasse An St. Quintin. Der Name der Gasse weist auf die um 1820 abgebrochene Kapelle St. Quintin hin, über deren Entstehungszeit die Archäologen heute noch rätseln. Neue Fundstücke verweisen auf die Jahre 684 bis 820.

Stadtbild im Wandel
Auch heute noch ist auf Karten der einstige Stadtkern ersichtlich. Nierenförmig wurde er von einer Stadtmauer umfasst. Viele Quartiere waren bis 1900 noch von Fachwerk, engen Straßen und Plätzen gekennzeichnet. Seit 1915 wurde eine fast gänzlich neu strukturierte Industriegroßstadt nach amerikanischem Vorbild geplant und ausgeführt. Den Wandel zur modernen Industriemetropole unterstrichen Monumentalbauten, deren Architekten sich dem Jugendstil und Expressionismus sowie der Reformarchitektur und dem Neuen Bauen zuwandten. Die Bombardierungen und der Wiederaufbau nach 1945, besonders aber der oft unverantwortliche Abriss alter Bausubstanz zugunsten monotoner Investorenbauten in den letzten 40 Jahren haben das Gesicht der Stadt nicht zu ihrem Besten verändert.

12 | Domschatz Essen

Di–So 11–17 Uhr

Über den Domhof gelangt man zur Domschatzkammer. Der Essener Domschatz geht zurück auf das Frauenstift, das seine Blütezeit im 10. und 11. Jahrhundert erlebte. Gerade Äbtissinnen aus den Häusern der ottonischen und salischen Kaiser stifteten Werke der frühmittelalterlichen Goldschmiedekunst und Buchmalerei, die heute in Europa ihresgleichen suchen. Zu besichtigen sind sie im Neubau, der an die einstige »Rote Pforte« der Stiftskirche anschließt, die bereits im Mittelalter als Tresorkammer für die Schätze, Bücher und Urkunden diente. Unter der großen Zahl an Kunstwerken von höchstem Rang, darunter Reliquiare, Monstranzen, Kelche und Skulpturen, seien hier nur einige wenige hervorgehoben.

Eines der ältesten Evangeliare, eine Pergamenthandschrift mit über tausend Glossen auf Latein, Altsächsisch und Althochdeutsch, um 800 geschrieben, ordnet man der liturgischen Erstausstattung Altfrids zu. Wo es geschrieben wurde, kann man heute nicht sagen, sein Ornamentstil jedoch weist Merkmale fränkisch-merowingischer Buchkunst auf. Über die Verwendung der »Essener Krone« herrschte lange Zeit Unklarheit. Die aus Goldblech gefertigte und reich mit Perlen und Edelsteinen besetzte Lilienkrone war vermutlich ein Geschenk Ottos III., damals noch römisch-deutscher König, ab 996 Kaiser. Spuren deuten auf eine spätere Umarbeitung für das Haupt der »Goldenen Madonna« (siehe S. 16/17) hin. Sie ist die älteste erhaltene Lilienkrone.

»Essener Krone«

Zwei Kreuze der Äbtissin Mathilde (949–1011), einer Enkelin Ottos des Großen und einer der bedeutendsten Äbtissinnen der Essener Geschichte, sind zu besichtigen. Das ältere Mathildenkreuz (zwischen 973 und 982) besteht aus einem Holzkern, verkleidet mit getriebenem Goldblech an der Vorderseite und vergoldetem Kupferblech an der Rückseite. Das Kruzifix ist eingefasst mit Filigran, Perlen und Edelsteinen. Zu Füßen Christi sind die Äbtissin Mathilde sowie ihr Bruder Herzog Otto von Schwaben und Bayern als Stifter abgebildet. Nur etwa 60 Jahre jünger ist das von Äbtissin Theophanu im Andenken an Mathilde gestiftete jüngere Mathildenkreuz. Die Vorderseite des Kreuzes ist mit kostbaren antiken Gemmen und Kameen verziert und zeigt unter dem Kruzifix die kniende Äbtissin Mathilde vor der Gottesmutter.

13 | Alt-Katholische Friedenskirche

Führung durch 5 Kirchen Sa 11 Uhr ab Domschatzkammer

Biegt man in die kleine Straße Zwölfling ein und geht weiter zum Porscheplatz, bietet sich ein grandioser Blick auf das zu Beginn des 20. Jahrhunderts entworfene Ensemble von Alt-Katholischer Friedenskirche, Jahrhundertbrunnen und Alter Synagoge. Als Antwort auf das Erste Vatikanische Konzil in Rom (1870), bei dem u. a. die Unfehlbarkeit des Papstes zum Dogma erhoben wurde, gründeten sich in den Folgejahren zahlreiche Alt-Katholische Gemeinden, so auch 1872 in Essen. Sie sahen sich einig in der strikten Abgrenzung von Rom. Im Rahmen der Neugestaltung des Platzes am Steeler Tor fungierte die Stadt Essen als Bauherr für einen Kirchenneubau und übernahm selbst die Bauplanung. Das Grundstück überließ sie der neuen Gemeinde in Erbpacht. In den Jahren 1914/16 entstand ein Backsteinbau im Stile der Reformarchitektur mit neobarocken Elementen und einem polygonalen Turm neben dem Chor. Weithin sichtbar ist seit 2010 wieder sein Pagodendach, das charakteristisch ist für die Reformarchitektur vor dem Ersten Weltkrieg und das als Pendant zur Kuppel der Alten Synagoge funktioniert. Im Zweiten Weltkrieg schwer zerstört, sind von der einst märchenhaften Ausstattung nur noch das 1916 von dem niederländischen Maler, Zeichner und Glasgestalter Jan Thorn Prikker geschaffene farbenprächtige Jugendstil-Goldmosaik im Altarraum und zwei schwarz geätzte Scheiben mit typischen Jugendstilornamenten eines Fensters der rechten Sakristei erhalten. Die ebenfalls von Prikker stammende Ausmalung des Tonnengewölbes im Langhaus wurde 2007 nach Originalbefunden wieder erschaffen.

14 | Jahrhundertbrunnen

1907 fand der Jahrhundertbrunnen Aufstellung, der aus Anlass der 100-jährigen Zugehörigkeit Essens zum Königreich Preußen von der Firma Krupp gestiftet worden war. Es war die erste Arbeit des damals 29-jährigen Ulfert Janssen, eines Schülers des berühmten Schöpfers des Wittelsbacher Brunnens in München, Adolf von Hildebrand. Janssen gestaltete aus Muschelkalk einen herkulischen Arbeiter mit Schmiedehammer, der von zwei kleinen nackten Menschen auf Fischen umrahmt ist. Weder König noch Bischof sind hier dargestellt, sondern einer der Arbeiter, denen die Stadt ihren Wohlstand verdankte.

Gustav Heinemann
1899–1976, Politiker und dritter Bundespräsident der Bundesrepublik Deutschland. Heinemann arbeitete nach seinem Studium als Rechtsanwalt in Essen und engagierte sich während der Zeit des Nationalsozialismus als Rechtsberater der Bekennenden Kirche. Nach 1945 zunächst Kirchenpolitiker, gehörte er ab 1947 zur nordrhein-westfälischen Landesregierung. Es folgten verschiedene Ministerposten in der Bundesregierung, bis er 1969 zum Bundespräsidenten gewählt wurde. Aus gesundheitlichen Gründen verzichtete er 1974 auf eine zweite Amtszeit. Heinemanns Grab befindet sich auf dem Parkfriedhof im Stadtteil Huttrop.

15 | Alte Synagoge

Haus jüdischer Kultur Di–So 10–18 Uhr

Als man im Jahr 1913 die damals Neue Synagoge am Steeler Tor einweihte, zählte die **jüdische Gemeinde** Essens 3700 Mitglieder. Die Gemeinde war selbstbewusst und reich. Sie konnte sich ein Grundstück in derart zentraler Lage leisten und hatte zudem genaue Vorstellungen vom Charakter des Baus formuliert. Er sollte stadtbildprägend sein, monumental und den christlichen Kirchen ebenbürtig; er sollte den spitz zulaufenden, ansteigenden Baugrund nutzen, und er sollte keineswegs den für den Synagogenbau des ausgehenden 19. Jahrhunderts typischen maurischen Stil kopieren. Keine leichte Aufgabe für den jungen Architekten Edmund Körner, der eng mit dem Rabbiner der Gemeinde zusammenarbeitete. Seine Arbeit aber überzeugte über die Maßen: eine 70 Meter lange Stahlbetonkonstruktion, verkleidet mit grob bearbeitetem Muschelkalk. Hinter einem geschwungenen Giebel erhebt sich auf einem denkmalähnlichen Sockel die 34 Meter hohe Kuppel. Von den Seiten aus hat man einen guten Blick auf die voreinander gestaffelten einzelnen Baukörper mit runden Erkern, Apsiden, Kupferdächern und Giebeln. Wendet man sich der dem Jahrhundertbrunnen zugewandten Seite der Synagoge zu, erkennt man links neben dem ersten Fensterfeld das von Körner gestaltete Straßenschild »Steeler Strasze«.

Zum Werk Körners gehörte auch die Innendekoration, bei der seiner Gestaltungsfreude fast keine Grenzen gesetzt waren und zu der farbenprächtige Mosaiken und Buntglasfenster gehörten. Diese kann man heute leider nicht mehr bewundern, denn bereits 25 Jahre nach der Einweihung, in der Reichspogromnacht 1938, wurde die Synagoge ein Opfer der Flammen. SA- und SS-Leute stritten, wer als Erster die Tore zum Vorhof eindrücken und das Feuer legen durfte. Da die Straße gerade gepflastert wurde, lasen Schaulustige Pflastersteine auf und warfen damit die Fenster ein, um die Flammen anzufachen. Im Inneren brannte die Synagoge vollständig aus, der Stahlbetonkonstruktion aber konnte das Feuer nichts anhaben. Ein Abriss war auch unmöglich, und die Sprengung verbot sich angesichts der eng benachbarten Häuser. So über-

Am Ende des 13. Jahrhunderts sind erstmalig **Juden in Essen** nachgewiesen, die sich, mit Schutzbriefen der Fürstäbtissin versehen, in der Stadt ansiedeln durften. Oft wurden sie dennoch von den Stadträten verjagt, kehrten wieder zurück und mussten neue Schutzbriefe erwerben. 1598, es lebten sechs jüdische Familien in Essen, wurde eine strenge »Judenordnung« erlassen, worin u. a. Heiratsbeschränkungen und Wohnortreglementierungen beschrieben waren. Erst mit der Zugehörigkeit Essens zu Preußen verstärkte sich der Zuzug jüdischer Familien. 1933 lebten etwa 4500 Juden in der Stadt. Die Deportationen bis 1945 überlebte nicht einmal die Hälfte.

dauerte die Ruine den Zweiten Weltkrieg. Die jüdische Nachkriegsgemeinde eröffnete 1959 im Essener Moltkeviertel eine neue Synagoge und verkaufte die Ruine an die Stadt, die das Gebäude entkernte, alle noch vorhandenen Elemente der Inneneinrichtung zerstörte oder – wie die Kuppel – durch Abhängung verdeckte. 1961 eröffnete darin ein Museum für Industriedesign. Nach einem Brand 1979 beherbergte das Haus eine NS-Gedenkstätte.

1988 und 2010 erfuhr die Alte Synagoge umfassende Rekonstruktionen. Heute kann man beim Betreten die Intentionen Körners nur noch ansatzweise nacherleben. Von der ansteigenden Treppe aus kommt man in die innere Vorhalle, dann in den Hauptraum – die Erinnerung an den Tempel in Jerusalem ist allgegenwärtig. Den besten Blick auf den heute schlicht gestalteten Hauptraum hat man von der Empore aus. Der kreisförmige Grundriss setzt sich in der Halbkugel der Binnenkuppel fort. Zwischen ihr und der Außenkuppel befindet sich ein ungenutzter Luftraum. Über dem Thoraschrein hatte bis 1938 auch die Orgel ihren Platz. Das Haus jüdischer Kultur informiert über die Geschichte der jüdischen Gemeinde in Essen, über jüdische Traditionen und Religion. In dem Abschnitt »Jüdischer Way of life« wird heutige jüdische Lebenskultur fern aller Klischees vorgestellt.

Alte Synagoge

16 | Rathaus

Theater im Rathaus Spielplan und Tickets unter www.theater-im-rathaus.de

Nach etwa 200 Jahren als Marktplatz trat Essen 1244 erstmalig als Stadt in Erscheinung: Ein Vertrag mit dem Kölner Erzbischof, der den Bürgern die Errichtung einer Stadtmauer erlaubte, wurde geschlossen. In den darauffolgenden Jahrhunderten kam es immer wieder zu Streitigkeiten zwischen den Stadtvätern und den amtierenden Äbtissinnen des Stifts, die es ablehnten, Essens 1377 verliehenen Status als Freie Reichsstadt anzuerkennen. Das zog sich hin bis in die Zeiten der Reformation, als der Stadtrat 1563 gegen den Willen des Stifts einen evangelischen Pfarrer einführte. Die Fürstäbtissinnen waren die in Essen residierenden Landesherrinnen, die auch in den Zeiten des Dreißigjährigen Krieges die Stadt teils beschützten, teils verrieten. Nach 1803, als das Stift aufgelöst worden und Essen an das Königreich Preußen gefallen war, verkümmerte die Stadt zu einem bedeutungslosen Landstädtchen. Das Rathaus war marode und jämmerlich, sodass 1842 ein Neubau fertiggestellt wurde.

Bereits im Mai 1940 fielen die ersten sechs Sprengbomben auf Essen. Von 60 Monaten **Bombenkrieg** erlebte die Stadt 39 Monate lang fortwährende Angriffe. In der Zweiten Ruhrschlacht im Oktober 1944 erreichten die Bombardierungen ihren Höhepunkt. Das Doppelte des großen Hamburg-Angriffs, 8200 Tonnen Spreng- und Brandmunition, wurde auf das Stadtgebiet abgeworfen. Der letzte große Angriff fand mit einer Bombenlast von 4661 Tonnen am 11. März 1945 statt. Von den 65 000 Gebäuden der Stadt blieben nur 5000 unbeschädigt, 6384 Menschen verloren ihr Leben.

Cosmas und Damian

Reformation in Essen
Nachdem sich bereits in Düsseldorf, Dortmund und Duisburg 1543 die Reformation durchgesetzt hatte, bestürmte die Essener Bürgerschaft den Rat, ebenfalls kirchliche Reformen einzuführen. Es kam zwar zu Tumulten vor dem Rathaus, aber gegen die Äbtissin des Stifts, Sybille von Montfort, hatten weder Bürger noch Rat eine Chance. Erst mit dem Augsburger Religionsfrieden kam wieder Bewegung in die protestantische Sache, erneut drängte die Bürgerschaft, sang gar zu Weihnachten 1560 in der Marktkirche deutsche Lieder. Der Rat gab nach und berief den Kempener Heinrich Barenbroch (auch Barenbroich), der am 2. Mai 1563 das Abendmahl in beiderlei Gestalt, also mit Brot und Wein, an über 500 Gläubige austeilte. Dieser Tag wird als der Essener Reformationstag begangen.

Aber dieser genügte im Laufe der Jahre nicht mehr den Ansprüchen, denn Essen hatte sich dank Bergbau und Stahlindustrie zu einem bedeutenden Industriestandort entwickelt. Im Stil der Neogotik entstand bis 1887 nach Plänen des Architekten Peter Zindel ein drittes Rathaus mit einem 54 Meter hohen Turm, der dem Toruńer Rathausturm nachempfunden worden war und auch die Bombardierungen des Zweiten Weltkrieges überstand. Eigentlich waren die Bürger Essens ganz zufrieden mit ihrem Rathaus, aber es wurde zum Bedauern vieler 1964/65 abgerissen, um ein Warenhaus errichten zu können.

Erst 1975/80 entstand nach Plänen von Theodor Seifert der neue Wolkenkratzer – mit 24 Ober- und 4 Untergeschossen das höchste Rathaus Deutschlands. Bis zur letzten Etage des 106 Meter hohen Bauwerks kommt man leider nicht, aber die 22. Etage steht Besuchern offen und bietet einen wunderbaren Blick auf die Stadt. Am Portal findet man neben dem Stadtwappen die Stadtpatrone Cosmas und Damian, ursprünglich für den Vorgängerbau geschaffen, und im Foyer kann man wechselnde Sonderausstellungen besichtigen. Bei einer Führung kommt man auch in den originalen Ratssaal, in dem noch immer die ursprünglichen Stühle stehen, die 1979 jeweils 1500 DM kosteten und hier stehenbleiben werden, bis sie zusammenbrechen. Das Essener Rathaus ist das einzige mit einem eigenen Theater, das gehobene Boulevard-Komödien spielt.

17 | Marktkirche

Mo–Fr 10.30–13.30/15–18 Uhr

Seit dem 10. Jahrhundert bildete der Markt vor den Toren der Stiftsfreiheit das wirtschaftliche, politische und religiöse Zentrum der Stadt. Seinen Charme hat er im 20. Jahrhundert gänzlich eingebüßt, heute bilden Kaufhaus- und Bürobauten in den verschiedensten Graden der Hässlichkeit seine Grenzen. Einzig die Marktkirche bietet dem geplagten Auge Erholung, obwohl auch sie ein Neubau ist.

Eine erste Kirche entstand an dieser Stelle wohl schon um 1043. Geweiht der Hl. Gertrud von Nivelles, diente sie

dem Stadtrat im Mittelalter als Sitzungsort, und hier ertrotzten die Essener Bürger das erste evangelische Abendmahl in beiderlei Gestalt aus den Händen des Pfarrers Heinrich Barenbroch. Im Dreißigjährigen Krieg, die amtierende Äbtissin war Maria Clara von Spaur, besetzten spanische katholische Truppen die Stadt. In deren Schutz und mit glühendem Eifer, der alten wahren Religion wieder zum Recht zu verhelfen, ließ sie die Kanzel der Kirche auspeitschen, um ihr die protestantische Ketzerei auszutreiben. Aber bald besetzten wieder evangelische Truppen die Stadt, und seitdem blieb die Kirche protestantisch.

Im Zweiten Weltkrieg wurde die Marktkirche bis auf die Außenmauern und zwei östliche Joche zerstört. In der Nachkriegszeit stand die Ruine dem geplanten Ausbau des Innenstadtverkehrs im Wege. Nur dem Einsatz des damaligen Baudezernenten Sturm Kegel ist es zu danken, dass man sich für einen Wiederaufbau entschied. Die beiden glücklicherweise nicht abgetragenen Joche konnte man dabei integrieren. Aus der einst dreischiffigen Hallenkirche entstand 1952 eine Halle mit nur zwei Schiffen. Die Grundfläche wurde erheblich verkleinert, und auch die Form des Daches wurde verändert. Statt des einst beinahe 50 Meter hohen Turms erhebt sich heute lediglich ein kleiner Dachreiter.

Was an der äußeren westlichen Front noch befremdlich wirkt, erweist sich im Inneren jedoch als außerordentlich faszinierend: der 2006 anstelle des Portals neu gestaltete Westchor. Nach Entwürfen von Eckhard Gerber schuf die Werkstatt Hein Derix aus Kevelaer, »päpstliche Hofglasmalerei seit 1866« und betraut mit Aufträgen für die Kathedrale in Reims und das Gerhard-Richter-Fenster im Kölner Dom, einen Kubus aus blauem Glas. Das Glas leuchtet je nach einfallendem Licht in den unterschiedlichsten Blauabstufungen und taucht den gesamten Innenraum in ein geradezu magisches Licht. Auf der Empore haben die beiden Westportalflügel ihren Platz gefunden, deren Bronzereliefs von Hermann Schardt (1963) die apokalyptischen Reiter darstellen. Von größtem künstlerischen Wert ist das von Gerhard Marcks in Bronze gegossene Kruzifix auf dem Altar im Ostchor. In der Marktkirche erklingt eine moderne digitale Kienle-Orgel.

18 | Alfred-Krupp-Denkmal

Das 1889 von Friedrich Schaper gegossene bronzene Standbild des Industriegiganten **Alfred Krupp** hat eine abenteuerliche Geschichte hinter sich. Bereits wenige Wochen nach dem Tod Alfred Krupps beschloss die »dankbare Vaterstadt«, ein Denkmal zu errichten. Knapp zwei Jahre später wurde die 2,60 Meter hohe Figur enthüllt. Dargestellt ist Alfred der Große, wie ihn die Zeitgenossen nannten, in Reitkleidung, denn sein Herz gehörte den Pferden – aber auch dem Duft von Pferdemist, dem er große gesundheitliche Wirkung beimaß. Den Zweiten Weltkrieg überstand Krupp nahezu unbeschädigt, aber inzwischen hatte sein Name den edlen Klang eingebüßt, nun sah man in seinem Unternehmen in erster Linie die »Waffenschmiede des Reiches«. Also musste Krupp weg. Zunächst auf dem Gelände der Fabrik lagernd, später fernab in einem Wohngebiet aufgestellt, konnte er erst anlässlich der 150-Jahrfeier der Firma Krupp wieder an die Marktkirche zurückkehren. Aber auch da versteckte man ihn noch verschämt hinter einem Baum an der Westseite. Endlich, im Jahre 2006, folgte seine Rücksetzung an den ursprünglichen Platz. Und so schaut er heute wieder altväterlich auf das Gewimmel zu seinen Füßen.

Alfred Krupp
1812–1887, Industrieller, Erfinder, »Kanonen-König«. 1848 wurde Krupp Alleininhaber der Gussstahlfabrik seines Vaters. Dank steigender Stahlnachfrage gelang es ihm, die Firma auf sicherere Füße zu stellen. Die Erfindung des nahtlosen Radreifens für den wachsenden Eisenbahnverkehr ließ das Unternehmen wachsen. Der Waffennarr Krupp wurde schließlich wirklich reich mit der Produktion der 4-Pfünder-Feldkanone C/67, die im Deutsch-Französischen Krieg 1870 die Schlacht bei Sedan entschied. Krupp verlangte von seinen Angestellten absolute Loyalität, richtete für sie aber betriebliche Altersversorgungen und Krankenversicherungen ein und ließ Werkswohnungen bauen.

Oben: Alfred-Krupp-Denkmal
Links: Marktkirche

19 | Keramikhaus

Namensgeberin des **Ruhrgebiets** ist die Ruhr, ein etwa 219 Kilometer langer, rechter und östlicher Nebenfluss des Rheins, der im Rothaargebirge entspringt und bei Duisburg in den Rhein mündet. Das Ruhrgebiet ist die größte Agglomeration Deutschlands, die auch als Ruhrpott, Revier, Pott oder Kohlenpott bezeichnet wird. Als ursprünglicher Naturraum wuchs es im Zuge der Industrialisierung zu einem Zentrum der Montanindustrie und erfuhr eine rasante Besiedelung. Heute leben hier mehr als 5,1 Millionen Menschen auf einer Fläche von etwa 4400 Quadratkilometern.

Auf dem Flachsmarkt, der sich hinter der Marktkirche erstreckt, erhebt sich rechts das Keramikhaus. Den heute für den Betrachter nicht mehr nachvollziehbaren Namen erhielt es wegen seiner außergewöhnlichen Fassadengestaltung. 1910/12 wurde es nach Plänen des Architekten Alfons Stinnebeck als Büro- und Geschäftshaus für die Keramische Centrale für Rheinland und Westfalen erbaut, ein Unternehmen, das eine Keramikmanufaktur für Kamine, Öfen und Brunnen betrieb, aber auch Keramik im kunsthandwerklichen Bereich herstellte. Als Werbemaßnahme ließ man unter Leitung des Direktors der Handwerker- und Kunstgewerbeschule Elberfeld, Otto Schulze, die Fassaden mit farbenfrohen Keramikkacheln aus Delfter Porzellan verkleiden. Schon ein Jahr nach seiner Fertigstellung pries der Essener Verkehrsverein in seiner Broschüre: »Essen. Rüstig zur Arbeit! Froh in der Rast!« das Gebäude als eine Sehenswürdigkeit ersten Ranges. 1935/37 wurde das Haus für die Deutsche Arbeitsfront umgebaut und erweitert, wobei man die Keramikfriese entfernte. Nur zwei Wandbilder sind unsichtbar unter dem Putz des Beispiels typischer NS-Architektur erhalten geblieben.

20 | Kopstadtplatz

Vom Flachsmarkt sind es nur wenige Schritte durch die Rottstraße zum Kopstadtplatz, benannt nach dem Anwesen der Familie Kopstadt, die drei Bürgermeister der Stadt stellte. Einst stand hier die Heilig-Geist-Kapelle, die 1896 abgerissen wurde. Nach dem Zweiten Weltkrieg war beinahe die gesamte Bebauung zerstört. Seine Neugestaltung erfuhr der Platz 1991. Als einziges Gebäude der Vorkriegszeit hat das Carl-Overbeck-Haus überlebt, 1912 nach Plänen des Architekten Ernst Knoblauch für das Warenhaus Overbeck & Weller erbaut. Im Stile amerikanischer Kaufhausbauten sollte das vielfältige Warenangebot schon von außen sichtbar gemacht werden – ganz im Gegensatz zu heute, wo die Warenhäuser eher gesicherten Festungen gleichen. Zwischen den Pfeilern des Stahlbetonbaus luden große dreigeteilte Schaufenster die Kunden zum Besichtigen der Waren ein, ein aufwendig gestalteter Eingangsbereich wirkte wie der Eingang ins Paradies, das zunächst mit einem marmorverkleideten Lichthof aufwartete. Heute wirkt die Fassade recht eintönig, allein an der Front zur Kasteienstraße kann man noch die Reste der originalen Verblendung in weißgrauem Mainsandstein sehen.

21 | Kreuzeskirche

Mo/Fr 12–19 Uhr, Do 16–19 Uhr, Sa 11–18 Uhr, So 10–11.15 Uhr

Der die Kirche umgebende Weberplatz war einst das Wohnviertel der Wollweber. Am Ende des 19. Jahrhunderts herrschten hier heute unvorstellbare hygienische Zustände, Enge und Schmutz. 1895 entschied die Stadt deshalb eine grundlegende Neugestaltung des Quartiers, und die damals 50 000 Mitglieder zählende protestantische Gemeinde plante einen Kirchenneubau. Munter flossen die Spenden, und man konnte sich für einen der renommiertesten Architekten entscheiden, den Berliner August Orth, der bereits mit mehreren Kirchen in Berlin sein Können unter Beweis gestellt hatte (darunter Zions-, Emmaus- und Gethsemanekirche). Da der neogotische Stil, der die Kirchenbauten der vergangenen Jahre geprägt hatte, als zu Französisch empfunden wurde, griff Orth auf die Stilmerkmale der rheinischen Romanik zurück. Er entwarf einen höchst harmonischen Bau, diagonal an der höchsten Stelle des Weberplatzes stehend, mit einer 75 Meter hohen Turmgruppe im Vordergrund, hinter dem die einzelnen Bauglieder beinahe verschwinden. Das Gesamtbauwerk kann als ein Höhepunkt des Historismus in Essen bezeichnet werden. Die Einweihung fand 1896 in Gegenwart der Kaiserin Auguste Viktoria statt. Sechs Jahre später wurde hier **Heinz Rühmann** getauft.

Bei einem Luftangriff 1943 wurde die Kreuzeskirche bis auf die Außenmauern zerstört. Außer dem Hauptaltar und der von Orth gestalteten Kanzel brannte die gesamte Inneneinrichtung aus. Der Wiederaufbau war 1953 vollendet, aber der witterungsanfällige Sandstein macht regelmäßige Sanierungen unumgänglich. Da die Kosten von der Gemeinde allein nicht zu tragen sind, verkaufte sie das Kirchengebäude 2013 zu einem symbolischen Preis an den Bauunternehmer Alt, der es aufwendig sanierte und für die nächsten 20 Jahre an die Gemeinde vermietet hat. Auf der Empore spielt die größte Orgel Nordrhein-Westfalens, ein 1968 gebautes Instrument der Berliner Orgelbaufirma Karl Schuke mit 70 Registern, vier Manualen und Pedal. Heute ist die Kreuzeskirche

Heinz Rühmann
1902–1994, Schauspieler und Regisseur. Rühmann wurde als Sohn eines Gastwirtsehepaars im Essener Stadtteil Wann geboren, wo er bereits als kleiner Bengel nachts vom Tresen her Gedichte rezitieren musste. 1913 übernahmen die Eltern das Hotel Handelshof, wohnten in einer kleinen Wohnung, und die Kinder konnten im ganzen Haus herumtoben. Die Rühmanns mussten 1916 Insolvenz anmelden und ließen sich scheiden. Rühmanns Wohnhaus nahe dem Stadtgarten, das er danach mit Mutter und Geschwistern bewohnte, steht nicht mehr. Im gleichen Jahr zogen sie nach München. Rühmann wurde seit den 1920er Jahren zu einem gefragten Bühnenschauspieler. 1930 erfolgte sein Durchbruch mit einer Rolle in »Die drei von der Tankstelle«, dem sich eine steile Karriere als Filmstar anschloss.

Stammhaus Krupp
1818 verlegte der Stammvater der Krupp-Werke, Friedrich Krupp, den Firmensitz auf ein der Familie gehörendes Areal (Altendorfer Straße 100). Es entstanden ein erster Schmelzbau und ein Aufseherhaus, in das Krupp und Familie aufgrund finanziellen Unglücks einziehen mussten. Als Friedrich Krupp 1826 starb, übernahm seine Witwe Therese die Geschäfte, der 1848 ihr Sohn Alfred als Inhaber folgte. In dem kleinen Fachwerkhaus wohnte Alfred Krupp bis 1861. Es galt ihm als Symbol seines Aufstieges und war Vorbild für seine späteren Arbeiterwohnungspläne. 1944 von Bomben zerstört, wurde es 1961 zum 150. Firmenjubiläum originalgetreu rekonstruiert und 2010 mit der Eröffnung des benachbarten thyssenkrupp Quartiers umfassend restauriert.

Rechts: Unperfekthaus

ein beliebter Veranstaltungsort für kirchliche Anlässe, Ausstellungen und Konzerte. Was sie aber einzigartig macht, sind zwei strahlend bunt bemalte Fenster. Es sind die einzigen Kirchenfenster des US-amerikanischen Pop-Art-Künstlers James Rizzi. Ausgeführt wurden die Glasarbeiten 2016 von der Firma Hein Derix.

22 | Unperfekthaus

www.unperfekthaus.de

In einem ehemaligen Franziskanerkloster gründete 2004 ein findiger Geschäftsmann das Projekt Unperfekthaus (UpH), ein Künstlerdorf, das Kreativen jeglicher Couleur auf bzw. in 70 Bühnen, Büros, Labors und Ateliers die Möglichkeit gibt, ohne finanzielles Risiko ihre Ideen zu verwirklichen. Finanziert wird das Vergnügen über den Eintrittspreis, der den Besucher zum Besichtigen sämtlicher Räume berechtigt, sowie ein WG- und ein Business-Hotel. Letzteres ist zwar nicht ganz billig, aber dafür entschädigen die geschmackvolle Ausstattung der Zimmer, die freundliche Ungezwungenheit der Mitarbeiter und der Blick über die Stadt von der Dachterrasse.

23 | Colosseum Theater

Spielplan und Tickets unter www.colosseumtheater.de

Geht man die Friedrich-Ebert-Straße nach rechts, kommt man zum Berliner Platz, mit einem Durchmesser von 53 Metern angelegt nach seinem Vorbild, dem Stern in Berlin. Seit 2018 sendet hier die FunkeNewsWall auf einem 45 Meter breiten Display, angebracht auf 30 Meter Höhe am Hochhaus der Funke-Mediengruppe, Nachrichten und Werbung – eine Herausforderung für die Autofahrer. Das Colosseum Theater erreicht man nach wenigen Schritten. In der ehemaligen VIII. Mechanischen Werkstatt der Firma **Krupp**, einem dreischiffigen roten Ziegelbau mit Jugendstilelementen (1898–1902), wurden bis 1988 Turbinengehäuse, Kurbelwellen und Rahmen für Lokomotiven gefertigt. 1995 begann der Umbau

Im ab 2007 entstandenen **thyssenkrupp Quartier** westlich des Berliner Platzes gruppieren sich 13 Gebäude um eine zentrale Wasserachse. Den Auftakt macht das 22 Meter lange Tiegelgussdenkmal, das Gustav und Bertha Krupp von Bohlen und Halbach 1935 errichten ließen. Architektonischer Höhepunkt ist das Q1 Gebäude (2010), ein 50 Meter hoher Gebäudewürfel, der aus verschränkten und scheinbar schwebenden Winkeln besteht. Horizontale Edelstahl-Lamellen bilden die »raue Schale« auf den Glasfassaden, die dem Sonnenschutz dient. An der Ecke zur Westendstraße steht das 1938 errichtete Verwaltungsgebäude. Auf fünf künstlichen Hügeln liegt ein Park.

zu einem Musical-Theater. Für diesen Zweck wurde in die Halle ein Bühnenturm eingesetzt. Heute kann man in der originalen Stahlkonstruktion unter dem hohen Glasdach Musicals, Konzerte und Shows erleben. Die Zukunft des Colosseums jedoch ist ungewiss.

Der Limbecker Platz liegt an der Stelle des Limbecker Tors, das in nordwestlicher Richtung aus der Stadt führte und natürlich hinein. Im 19. Jahrhundert, als in der Stadt großer Bedarf an Flächen bestand, schleifte man die gesamte Stadtmauer. Hier ließ der »Warenhaus-König« Theodor Althoff 1912 den damals größten Geschäftsbau der Stadt mit 53 Fachabteilungen errichten. 1920 fusionierte Althoff mit Karstadt zur Karstadt AG, die auch heute noch einer der Besitzer und Betreiber ist. Der Althoff-Bau hatte zwar den Zweiten Weltkrieg überstanden, aber Bergsenkungen, nicht ungewöhnlich in Bergbauregionen, verursachten Verschiebungen bis zu einem Meter, sodass 2008 bedauerlicherweise der Abriss erfolgte. 2009 schon konnte das neue Einkaufszentrum Limbecker Platz eröffnet werden. Das Münchner Architekturbüro Henn integrierte in den Bau einige Fassadenteile des Althoff-Baus, die nun wie unter einem aufgebauschten Rock hervorschauen. In der Eingangszone kann man eine Rekonstruktion des

Limbecker Tors sehen und im 1. Obergeschoss Fundstücke, die Archäologen bei der Bodenuntersuchung in der Baugrube gefunden haben.

24 | Kennedyplatz

Vorbei an der stattlichen Gründerzeitfassade der Hirsch-Apotheke, durch die Limbecker Straße, Fußgängerzone seit 1929, und die Straße Schwarzes Horn gelangt man zum Kennedyplatz. Mit einer Fläche von 14 000 Quadratmetern wurde er 1953 als »Herzstück der Kaufstadt« auf einst dichtbebauten Häuserzeilen und dem historischen Salzmarkt angelegt. Zunächst trug er den Namen Gildeplatz, wurde aber 1963 nach der Ermordung des US-amerikanischen Präsidenten John F. Kennedy umbenannt. Im Südwesten erblickt man das zum Hotel umfunktionierte Heroldhaus (Emil Jung, 1954/55), den Kennedy-Tower, das neue Allbauhaus (Willy Maximilian Schneider, 1954/56) und davor das Amerikahaus. Auf dem Kardinal-Hengsbach-Platz steht auf einer Säule die Figur des »Wachsamen Hähnchens«, das bereits 1930 auf dem Kornmarkt enthüllt worden war und das Kriegsehrenmal für die gefallenen Schützen der Essener Schützenvereine ist.

»Dicke Bertha« hießen mehrere Geschütze aus dem Hause Krupp, die im Ersten Weltkrieg zum Einsatz kamen. Die 42-Zentimeter-Haubitze kostete 1 Million Mark und wog über 40 Tonnen. Am 12. August 1914 feuerte sie auf die Lüttich umgebenden Forts, dabei stieg das Geschoss in 3500 Meter Höhe, kippte und landete scharf im rechten Winkel auf der betonverschalten Befestigung. Es vergingen 60 Sekunden, solange dauerte auch der Knall. Material und Nerven gingen dabei zugrunde. Ihren Namen trug die »Dicke Bertha« vermutlich nach dem Buchstabieralphabet, mit der Krupp-Ehefrau oder -Tochter Bertha hatte sie nichts zu tun.

25 | Europahaus

Spielpläne und Tickets unter www.stratmanns.de

Das Europahaus wurde am 22. Februar 1952, dem Geburtstag von George Washington, als Amerikahaus eröffnet. Diese auf Wunsch der amerikanischen Besatzer errichteten Stätten der Völkerfreundschaft gab es in vielen Städten Westdeutschlands, dieses aber war auf europäischem Boden das erste Gebäude, das neu erbaut wurde. Das Interesse der Bevölkerung an den Ausstellungen, Filmvorführungen und Vorträgen war groß, und schon im ersten Jahr betrugen die täglichen Besucherzahlen mehr als 1400. Zwei Flügel in Stahlbetonkonstruktion flankieren eine verglaste Eingangshalle. Die plastisch ausgeformten Klinker der Fassadenflächen umschließen Wandbilder aus Keramik, die die drei Lebensalter, die Allegorien von Schönheit und Musik sowie die Freundschaft und Völkerverständigung mit der Taube als Friedenssymbol darstellen und von dem Essener Bildhauer Herbert Lungwitz entworfen wurden. Nach dem Abriss des maroden Rathauses tat hier die Stadtverwaltung ihren Dienst, und das Gebäude erhielt im Volksmund den Spottnamen »Rathäuschen«. 1994 in Europahaus umbe-

Spitzer-Spirale am Kennedyplatz

nannt, trägt es seit der Eröffnung der Kleinkunstbühne durch die Gebrüder Stratmann den Namen »Stratmanns Theater Europahaus«.

26 | Grillo-Theater

Spielpläne und Tickets unter www.theater-essen.de

Als ein Tempel der Musen wurde das von dem Industriellen Friedrich Grillo gestiftete prächtige Gründerzeittheater 1892 eröffnet. Wie bei Theatern des späten 19. Jahrhunderts üblich, verwendete man Stilelemente der Neorenaissance, hier aber mit Anklängen an die hellenische Antike. Der Berliner Architekt Heinrich Seeling entwarf Sockel mit Quaderung, Pilaster und Kapitelle mit Theatermasken. Über das Bühnenhaus ragte einst eine mächtige Kuppel, die jedoch bei einem Bombenangriff 1944 zerstört wurde. Für die heutige Farbgebung entschied man sich erst 1990. Das Grillo-Theater war mit 800 Sitzplätzen ein eher kleines Theater und erwies sich im Laufe der Zeit als nicht ausreichend. In den 1920er Jahren aber, unter dem Operndirektor Rudolf Schulz-Dornburg, geriet besonders die Opernsparte zu überregionaler

Güte und trug Essen den Titel »Opernstadt des Westens« ein. Er kürzte allerdings auch gewaltig, z. B. Wagners »Lohengrin«, wegen der begrenzten Aufnahmefähigkeit des Publikums, das einen langen Arbeitstag hinter sich habe. 1953 fand hier die Uraufführung von Alban Bergs Oper »Lulu« statt. Seit 1988, der Eröffnung des Aalto-Theaters als Opernhaus, ist das Grillo-Theater die Hauptspielstätte des Essener Schauspielensembles.

Hinter dem Grillo-Theater, an der Fassade des 1907/08 errichteten Hauptzollamtes, erinnert eine Gedenktafel an **Franz Dinnendahl**.

27 | Deutschlandhaus

Über den Hirschlandplatz gelangt man zum Deutschlandhaus, 1928/29 als erstes Hochhaus in Essen errichtet. Heute wirkt es bescheiden in seiner Höhe, aber man darf sich angesichts seiner Bauzeit von nur einem Jahr beeindruckt zeigen. In den späten 1920er Jahren herrschte in Deutschland ein von Amerika inspiriertes Hochhausfieber, jede größere Stadt, die etwas auf sich hielt, strebte danach, auch eines bauen zu lassen. Der Architekt Jacob Koerfer war ein Experte dafür: 1925 hatte er das Kölner Hansahochhaus vollendet, 1928 das Dortmunder Westfalenhaus. Das Deutschlandhaus beansprucht einen ganzen Häuserblock für sich. Schwungvoll passt sich der Bau dem Straßenverlauf an. Der Hochhausturm mit seinen zehn Geschossen (ursprünglich sollten es zwei mehr werden) schiebt sich wie ein Keil dazwischen, was man leider nur auf Luftbildern erkennen kann. In die Fassade der modernen Stahlbetonkonstruktion sind Fensterbänder eingelassen, die in der Nacht wie Lichtbänder wirken. Ganz dem Stil der Neuen Sachlichkeit entsprechend wurde auf jeden schmückenden Zierrat verzichtet, nur über dem elegant gerundeten Vorbau des Turms steht der Schriftzug »Deutschlandhaus«. In seiner äußeren Erscheinung und seiner Funktionalität gilt es auch heute noch als ein Stück meisterhafter Architektur. Es beherbergt das Technische Rathaus der Stadt, dessen Paternoster zu besteigen man nicht versäumen sollte, und im gesamten Erdgeschoss befinden sich Läden, die von außen und im Inneren durch eine Galerie betreten werden können.

Franz Dinnendahl
1775–1826, Industriepionier. Dinnendahl baute 1801/03 die erste Dampfmaschine in Deutschland. Bis 1821 betrieb er eine Maschinenfabrik und konstruierte hier 1808 die erste dampfbetriebene Fördermaschine für eine Zeche. Im Ruhr Museum kann man heute noch den sieben Meter langen und 1,8 Tonnen schweren Dinnendahl-Balken besichtigen, der als Ausgleichsbalken für die Dampfmaschine diente. 1818 führte er in seiner Fabrik Gasbeleuchtung ein.

L'Italiano

Zeche Zollverein

Die Architekten **Fritz Schupp** (1896–1974) und **Martin Kremmer** (1895–1945) gelten als die bedeutendsten Baumeister von Bergwerksanlagen des 20. Jahrhunderts in Deutschland. Nach ihren Entwürfen wurde auch das Erzbergwerk Rammelsberg bei Goslar gebaut – sie sind damit die einzigen Architekten, von denen zwei Arbeiten zum UNESCO-Weltkulturerbe gehören. Schacht XII in Essen ist in dem für Industrieanlagen typischen Stil der Neuen Sachlichkeit errichtet. Die ganze Anlage galt und gilt als architektonische und technische Meisterleistung und war richtungsweisend im Industriebau des 20. Jahrhunderts.

28 | Zeche Zollverein

Gelsenkirchener Straße 181, 45309 Essen,
Straßenbahn 107, Station Zollverein;
Außenbesichtigung der gesamten Anlage jederzeit möglich, **Führungen** unter www.zollverein.de

Die Zeche Zollverein war einst die größte und leistungsstärkste Steinkohlenzeche der Welt. Steinkohle galt schon um 1000 als außerordentlich effektives Brennmaterial. Sie wurde zunächst über Tage ausgegraben, später unter Tage mit Hilfe von Stollen, die waagerecht bzw. abschüssig in den Berg getrieben wurden. Als es 1834 dem Hüttenunternehmer Franz Haniel gelungen war, die bisher als undurchdringlich geltende Mergeldecke, eine Schicht stark wasserführenden Sedimentgesteins, in größerem Umfang zu durchstoßen, war der Weg frei zur Förderung des »Schwarzen Goldes« in Tiefbauzechen. Um hier den Grundwassereinfall zu verhindern, wurden erste Schächte noch mit Holz abgestützt, bald ging man dazu über, mit Klinkern abzusichern. 1847 erwarb Haniel das Areal im heutigen Nordosten Essens und gründete seine Zeche, die er nach dem 1834 in Kraft getretenen **Deutschen Zollverein** benannte. Die Entscheidung für den Standort war von der Tatsache, dass die Trasse der im selben Jahr eröffneten Eisenbahnlinie Köln-Minden direkt an das Zechengelände grenzte, befördert worden. Erst 1851, nach gründlicher Erschließung der Lagerstätten, konnte die erste Kohle gefördert werden, bis 1882 gingen drei Schächte in Betrieb.

Bis 1926, als die Zeche Zollverein der Gelsenkirchener Bergwerks AG (GBAG) zugeordnet wurde, entstanden zwei weitere Anlagen mit elf Schächten. Nach dem Ersten Weltkrieg, Reparationsforderungen, der Ruhrbesetzung und wirtschaftlicher Instabilität entschied die GBAG den Bau einer leistungsstarken Zentralförderanlage mit einer täglichen Fördermenge von 12 000 Tonnen Steinkohle. Schacht XII, erbaut nach Plänen der Industriearchitekten **Fritz Schupp** und **Martin Kremmer**, nahm 1932 die Arbeit auf. Den Zweiten Weltkrieg überstand die Zeche mit nur geringen Schäden, sodass die Kohleproduktion auch nach 1945 fortschreiten konnte. 1958–1962 entstand auf dem westlichen Teil des Areals eine Kokerei, die später mit 304 Koksöfen lange zu den modernsten in Europa gehörte. 1968 erfolgte die Überführung in die Ruhrkohle AG, die

Der **Deutsche Zollverein** wurde 1833 gegründet und trat im Jahr darauf in Kraft. Er vereinigte 14 kleinere und größere deutsche Staaten und war nach Großbritannien und den USA die drittgrößte Industriemacht der Welt. Geschaffen wurde er mit dem Ziel eines einheitlichen Binnenmarkts, der Abschaffung lästiger Zollgrenzen zwischen den deutschen Staaten und der Vereinheitlichung der steuerlichen und ökonomischen Rahmenbedingungen. Besonders Preußen, das als größter Staat geografisch geteilt war, profitierte von seiner Gründung. Erst mit der Reichsverfassung 1871 wurde das Deutsche Kaiserreich ein einheitliches Zoll- und Handelsgebiet.

MUSEUM
A14 KOHLENWÄSCHE

jährliche Förderleistung betrug zwischen zwei und drei Millionen Tonnen.

Aber schon bald begann die Krise der Stahlindustrie, den Kumpels fehlten die Abnehmer für Kohle und Koks, und in den 1980er Jahren wurden die ersten Zechen geschlossen. 1986 war für die Zeche Zollverein »Schicht im Schacht«, 1993 wurde auch die Kokerei stillgelegt. Diese wollte die Ruhrkohle AG eigentlich nach China verkaufen, allein, es kam nicht zum Geschäftsabschluss. Das Land Nordrhein-Westfalen kaufte zunächst das bereits unter Denkmalschutz stehende Gelände von Schacht XII und sanierte es. Als dann im Dezember 2001 Schacht XII, Schacht 1/2/8 und die Kokerei in die Liste des UNESCO-Weltkulturerbes aufgenommen wurden, gab das einen wichtigen Impuls zur weiteren Umgestaltung, deren Masterplan von dem Rotterdamer Architekten Rem Koolhaas erstellt wurde. Seit 1997 befindet sich im ehemaligen Kesselhaus das Red Dot Design Museum, und im Sommer 2006 erfolgte der Umbau der einstigen Kohlenwäsche durch das Rotterdamer Office for Metropolitan Architecture und das Essener Architekturbüro Böll und Krabel (Heinrich Böll ist der Neffe des Schriftstellers). Heute ist der gesamte Komplex ein beispielhafter Besichtigungsort der Bergbaugeschichte und Industriearchitektur zugleich.

Der Rundgang (siehe Karte im vorderen Umschlag) beginnt auf dem Areal von Schacht XII am **Ehrenhof** mit dem berühmten Symbol für das neue Ruhrgebiet, dem 55 Meter hohen, rostrot gestrichenen **Doppelbockfördergerüst**, einem beliebten Fotomotiv, das zahlreiche Produkte schmückt. Es empfiehlt sich nun, zur ehemaligen Kohlenwäsche von Schacht XII zu laufen, die heute das **Ruhr.Visitorcenter** und das **Ruhr Museum** beherbergt (tägl. 10–18 Uhr). Das Museum ist das Regionalmuseum des Ruhrgebiets, verfügt über Sammlungen zur Archäologie, Ethnologie, Naturkunde und informiert über die Entstehung der Kohle vor über 300 Millionen Jahren, die Geschichte ihrer Förderung und des Industrialisierungsprozesses im Ruhrgebiet, über Bilder und Vorstellungen vom Bergbau, Klischees und Mythen. Spektakulär ist allein schon die Anfahrt über die 58 Meter lange Rolltreppe, während der man sich wie ein Stück Kohle auf dem Weg zur Wäsche füh-

»Glück auf, Glück auf! Der Steiger kommt…« Den Beginn des berühmtesten deutschen Bergmannsliedes kennt wohl jeder. Einige Zeilen tauchen bereits in einem 1531 in Zwickau erschienenen Liederbuch auf, erstmals als »Steigerlied« beurkundet ist es anlässlich einer Festveranstaltung 1678 in Schneeberg zu Ehren des sächsischen Kurfürsten. Heute gilt es als Hymne der Bergbauregionen und wird regelmäßig zu den Heimspielen des FC Erzgebirge Aue, von Rot-Weiss Essen und dem FC Schalke 04 gespielt. Es fehlt auf keiner Bergparade und ist die heimliche Hymne des Saarlandes. Und selbst die SPD hofft, mit dem Absingen des Liedes auf Parteitagen die Nähe zu ihrer einstigen Wählerschicht, den Arbeitern, wiederherzustellen. Bei Redaktionsschluss stand das »Steigerlied« auf der Vorschlagsliste für das bundesweite Verzeichnis des Immateriellen Kulturerbes.

Red Dot Design Museum

len darf, aber nicht minder beeindruckend ist der Blick auf das umliegende Ruhrgebiet von der Aussichtsplattform auf dem Dach.

Liebhaber zeitgenössischen Designs werden den Weg ins **Red Dot Design Museum** (Di–So 11–18 Uhr) gehen. Die weltweit größte Designausstellung residiert im ehemaligen Kesselhaus, das durch den britischen Architekten Norman Forster umgebaut wurde. Armbanduhren, Autos, Küchengeräte oder Telefone – rund 2000 Gegenstände aus 45 Nationen sind auf etwa 400 Quadratmetern ausgestellt, alle Gewinner des Red Dot Awards, eines etwas inflationär vergebenen und zudem kostenpflichtigen Designpreises vom Design Zentrum Nordrhein Westfalen e.V.

Nun kann man sich im **Casino Zollverein** mit deftiger Bergmannsküche oder New World Cuisine stärken (Di–Fr 11.30–15/17.30–24 Uhr, Sa 13–24 Uhr, So 17.30–24 Uhr) und an der Lesebandhalle vorbei, in der an langsam laufenden Transportbändern Kohle von Hand aussortiert wurde und wo sich heute Veranstaltungsräume, Geschäfte und Ateliers befinden, zum **SANAA-Gebäude** laufen (tägl. 11.30–15.30 Uhr). Der 34 Meter hohe Kubus auf einer Grundfläche von 35 x 35 Metern ist ein Werk des japanischen Architekturbüros SANAA (2006) und wird seit 2010 vom Fachbereich Gestaltung der Folkwang Universität der Künste genutzt. Beeindruckend an dem Bau sind vor allem die unterschiedlich großen Fenster, die wie willkürlich angelegt scheinen. Die Geschosse sind an der Fassade nicht ablesbar. Die zufällig scheinende Anordnung der 134 Fenster richtet sich genau nach der optimalen Lichtsituation im Inneren. Die japanischen Architekten Kazuyo Sejima und Ryue Nishizawa wurden dafür mit dem Pritzker-Preis geehrt, der weltweit höchsten Auszeichnung für Architekten. Kritiker hingegen bezeichnen das SANAA-Gebäude als ein zwar schönes, aber »unbrauchbares Stück Architektur«.

Vorbei an **Schacht 1/2/8** mit dem Kunstschacht, dem **PACT Zollverein** (Performing Arts Choreographisches Zentrum NRW Tanzlandschaft Ruhr, Programm und Tickets unter www.pact-zollverein.de), der Keramischen Werkstatt Margaretenhöhe und dem Quartier Nord der Folkwang Universität der Künste kommt man zur Kokerei.

In der ehemaligen **Kokerei** wurden einst täglich bis zu 10 000 Tonnen Kohle zu Koks verarbeitet, heute ist sie ein Publikumsmagnet. Im Dunkeln leuchtet sie rot und blau – eine Installation der britischen Lichtkünstler Speirs + Major. Am Infopunkt Kokerei kann man sich zunächst über Geschichte und Arbeitsweise der Kokerei informieren. Im

Als Alternative zu den Mietskasernen für die wachsende Arbeiterzahl entstanden an vielen Orten Gartenstädte, so als Auftrag der Margarethe-Krupp-Stiftung auf dem leicht erhöhten Gelände Rüttenscheids die Siedlung **Margarethenhöhe** nach Plänen von Georg Metzendorf. Beinahe identisch aussehende dreigeschossige Putzbauten wurden errichet, für deren Musterwohnung Metzendorf die Möbel selbst entwarf. Kirche, Schule, Konsum und Gasthaus vervollständigten das kleine Gemeinwesen. Der heute selbständige Stadtteil ist mit der U17, Richtung Margarethenhöhe, zu erreichen.

SANAA-Gebäude

Als **Ewigkeitskosten** werden Aufwendungen in ehemaligen Bergbauregionen bezeichnet, um z. B. die Umweltschäden abzuwenden, die entstehen, wenn salzhaltiges Wasser aus den einst kohleführenden Schichten in den stillgelegten Schächten ins Grundwasser gelangt. Zu diesem Zwecke gründete die Ruhrkohle AG (RAG) 2007 die RAG-Stiftung, die mit einem Stiftungsvermögen von 14,3 Milliarden Euro pro Jahr 220 Millionen Euro aufwenden muss, um Wasser in die Emscher, die Ruhr oder die Lippe zu pumpen. Jährlich kommen so etwa 700 Millionen Badewannenfüllungen an die Oberfläche, die sonst aus dem Ruhrgebiet eine Seenlandschaft machen würden.

Sommer kann man sich im **Werksschwimmbad** abkühlen, einem aus zwei Überseecontainern zusammengeschweißten Pool (Sommerferien NRW tägl. 12–20 Uhr). Das dahinter aufragende Sonnenrad ist heute leider nicht mehr in Betrieb. Im Winter lockt die 150 Meter lange **Eisbahn**, eine der wohl faszinierendsten in der Bundesrepublik. Im sonst dunklen **Salzlager** der Kokerei zieht die Dauerinstallation »Palace of projects« der Projektkünstler Emilia und Ilya Kabakov die Besucher magisch in ihr Schneckenhaus, in dem an 61 Projekten Vorschläge zur Verbesserung der Welt gezeigt werden.

Der Rundgang führt durch den **Zollverein-Park** mit Wegen, Ruhezonen, Kunst- und Spielorten zurück zum Ehrenhof – man kann es aber auch bequemer haben und mit einem der kleinen offenen Busse durch das 100 Hektar große Gelände fahren. Eine von sechs Einstiegsmöglichkeiten befindet sich vor dem Forum, nahe der Kohlenwäsche (alle 30 min, Dauer ca. 25 min, 5 €).

Die Zeche Zollverein lädt zu verschiedenen Führungen ein. So kann man den Weg der Kohle innerhalb der Zeche kennenlernen oder einen Einblick in die Arbeitsabläufe der Kokerei erhalten. Auch Spezialführungen mit ehemaligen Bergleuten sowie Abendführungen mit einem kulinarischen Ausklang werden angeboten.

Kulturmeile im Süden

29 | Aalto-Theater

Spielpläne und Tickets unter www.theater-essen.de

Auch der zweite Stadtrundgang beginnt am Hauptbahnhof, allerdings in südlicher Richtung zum Europaplatz mit der »Steilen Lagerung« (Max Kratz, 1989), die an das 1997 abgerissene Ruhrkohle-Haus erinnert. Beim Gang durch die Rellinghauser Straße sieht man schon von weitem den RWE-Turm, die Zentrale des RWE-Konzerns, einen gläsernen Zylinder 1996 als erstes ökologisches Hochhaus der Welt eröffnet, ist er auch heute noch mit 162 Metern das höchste Gebäude der Stadt.

Die Straßenkreuzung, die den Namen Opernplatz trägt, verweist auf das hinter Bäumen liegende Opernhaus Essens, benannt nach seinem Erbauer, der finnischen Architekten-Legende Alvar Aalto. Den ersten Wettbewerbsentwurf lieferte Aalto bereits 1959, die Eröffnung des Hauses im Jahr 1988 erlebte er nicht mehr. Er bezeichnete es als eine »Komposition des Beschwingten«, und so findet man überall die entsprechenden Kennzeichen: die sanft gewellte Eingangswand des Foyers, offene Treppen,

Soul of Africa Museum
In der Rüttenscheider Straße 36 findet man ein kleines privates Museum, das über eine bedeutende Sammlung afrikanischer Kunst- und Kulturgegenstände verfügt, die u. a. aus Kostümen, die von Maskentänzern in Westafrika getragen wurden, einem originalen Altar der Fon, einer Ethnie in Benin, Togo, Gabun, Ghana und Nigeria, und Bocios, geschnitzten Figuren, die über Zauberkräfte verfügen sollen, besteht. Das Spektrum umfasst Themen wie afrikanische Geheimgesellschaften, Heilung, Voodoo, aber auch Sklaverei und Kolonialgeschichte (Do/Sa/So 14–18 Uhr, Fr 18–22 Uhr).

Emporen mit geschwungenen Brüstungen und einen Theatersaal mit einem als asymmetrisches Amphitheater gestalteten Auditorium. Der Bau stellt nicht nur ein Glanzstück moderner Architektur auf höchstem ästhetischen Niveau dar, er verfügt zudem über eine ausgezeichnete Akustik und modernste Bühnentechnik. Für seine spektakulären Opern- und Ballettinszenierungen mehrfach ausgezeichnet, gehört das Haus mit seinem Opernensemble, der Ballett Company und den Essener Philharmonikern zu den wichtigsten deutschen Musiktheatern. Regelmäßig sind hier die besten Künstler der Welt zu Gast, darunter bedeutende Orchester wie die Berliner Philharmoniker.

30 | Philharmonie Essen

Spielpläne und Tickets unter
www.philharmonie-essen.de

In der zweiten Hälfte des 19. Jahrhunderts, als ein Kreis interessierter begüterter Bürger die Anlage eines Stadtgartens ermöglicht hatte, stiftete eine private Aktiengesellschaft ein »Stadtgartengebäude«, einen bescheidenen Fachwerkbau für Theater- und Musikveran-

Alfried-Krupp-Saal

staltungen. Kurz darauf übernahm die Stadt Essen das Gebäude. Nach einem Wettbewerb, den die Architekten Skjøld Neckelmann und Carl Nordmann gewannen, begann die Realisierung ihrer Baupläne für ein Konzerthaus, das den Ansprüchen der ehrgeizigen Industriemetropole genügen sollte. 1904 wurde der sogenannte Saalbau mit einem von Richard Strauss geleiteten Konzert eröffnet. Zwei Jahre später dirigierte hier Gustav Mahler die Uraufführung seiner 6. Sinfonie mit den Essener Philharmonikern und dem Sinfonieorchester Utrecht im Rahmen des Tonkünstlerfestes des Allgemeinen Deutschen Musikvereins.

Der Jugendstilbau mit neobarocken Elementen wurde 1943 zerstört. Beim Wiederaufbau bis 1950 konnten erhaltene Teile verwendet werden, so die halbkreisförmige Front zur Huyssenallee und das Mansarddach. 2002 begann man mit einer grundlegenden Sanierung, Modernisierung und Erweiterung. Der vollständig erneuerte und verlängerte Alfried-Krupp-Saal bietet heute Platz für 1906 Besucher. Mit seiner roten Bestuhlung unter tiefblauer Decke und warmen Holztönen ist er auch ein Genuss für die Augen. An seiner Kopfseite erklingt eine 2004 gebaute Kuhn-Orgel mit 62 Registern, drei Manualen und Pedal.

31 | Stadtgarten

Gerade mal acht Hektar misst der Stadtgarten, aber seit 1863 ist er die grüne Lunge der Stadt. Angelegt von dem Hannoveraner Landschaftsarchitekten Christian Schaumburg, verfügte er einst über ein Alpinum, einen Rosengarten und eine Molkerei mit Milchausschank. Ursprünglich als Brunnenschmuck diente die 1905 von Wilhelm Nida-Rümelin geschaffene »Fee«; der Spielplatz mit dem »Maul« wurde 1994 von Guido Hoffmann-Flick gestaltet. 2017 erhielt Essen den Titel »Grüne Hauptstadt Europas«.

Folkwang-Brücke

32 | Glückaufhaus

An der Hohenzollernstraße kommt man am STEAG-Gebäude, 1956–1960 nach Plänen von Egon Eiermann erbaut, und dem Glückaufhaus vorbei, einem expressionistischen Backsteinbau, 1922/23 nach Entwürfen von Ernst Bode errichtet. Im Sockelgeschoss befindet sich eines der ältesten Filmstudios von Nordrhein-Westfalen, das »Glückauf« mit dem originalen Mobiliar von 1924.

Links in der Bismarckstraße führt der Weg unter der 1999 nach Plänen des Architekten Helge-Jo Marker erbauten Folkwang-Brücke hindurch.

33 | Museum Folkwang

Di–So 10–18 Uhr, Do/Fr 10–20 Uhr

Als zum Kulturhauptstadtjahr das Museum **Folkwang** in neuem Gewand eröffnet wurde, galt es als eine Sensation und Sternstunde der modernen Architektur. Gefördert von der Alfried Krupp von Bohlen und Halbach-Stiftung, baute die Stadt den Entwurf von David Chipperfield Architects, der die Grundelemente des alten Gebäudes aufgriff und weiterdachte. Der Vorgängerbau, 1956–1960 nach Plänen der Architekten Werner Kreutzberger, Erich Hösterey und Horst Loy errichtet, war der erste Museumsneubau der jungen Bundesrepublik und galt mit seiner Transparenz und Offenheit und zwei Innenhöfen als einer der gelungensten der Nachkriegszeit. Der neue Chipperfield-Bau vereint in einer »Hommage an die fünfziger Jahre« (FAZ) den alten Bau mit den nördlich anschließenden Ausstellungsräumen, verkleidet mit grünlich schimmerndem recycelten Glas. Alle Räume, beginnend mit dem weiträumigen Eingangsbereich samt Restaurant und Café, liegen auf einer Ebene. So ergeben sich immer wieder spannungsvolle Ein- und Durchblicke. Kunst und Licht gehen Part-

Der Name **Folkwang** kommt aus dem Altnordischen und bedeutet Volkshalle. In der »Edda« wird er als besonders großer und strahlender der Paläste in Asgard beschrieben, mit einem mächtigen Garten. Neben Walhalla gibt es hier einen besonders prächtigen Saal, Sessrumnir, über den Freya, die Höchste der Göttinnen, herrscht. Wie es heißt, zogen hier die besonderen Frauen ein, aber auch gefallene Krieger. Karl Ernst Osthaus griff den Gedanken Folkwang auf, mit dem er eine Versöhnung von Kunst und Leben ermöglicht sah.

nerschaften ein, die sich je nach Tageszeit immer wieder ändern.

Die Sammlung des Museums Folkwang geht auf die Städtischen Sammlungen in Essen und die Errichtung einer ersten Kunsthalle im Stadtgarten 1888 durch den Verleger Wilhelm Giradet zurück. Es folgten die Gründung eines Museumsvereins und die Eröffnung erster eigener Ausstellungsräume am Burgplatz. Ein wichtiger Impuls, die Ruhrmetropole nicht nur aus der kulturellen Einöde zu führen, sondern zudem das ganze Leben, Industrie und Gewerbe mit Kunst zu durchdringen, war der Bau der Siedlung Margarethenhöhe durch Georg Metzendorf, der im Sinne der Reformbewegung ab 1917 dort auch eine Künstlerkolonie und eine Keramische Werkstatt ins Leben rief. Ebensolche Impulse gingen auch von der Stadt Hagen aus, wo der Kunsthistoriker und Mäzen Karl Ernst Osthaus 1902 das Folkwang-Museum gründete, 1909 dann im Zusammenhang mit seinem Engagement im Deutschen Werkbund das »Deutsche Museum für Kunst in Handel und Gewerbe«. Er erwarb Kunsthandwerk und Gebrauchskunst und beauftragte u. a. Henry van de Velde, der den Innenausbau vornahm. Und auch zeitgenössische Kunst kaufte er, Werke von Matisse, van Gogh und Rodin, später auch von Munch, Liebermann und Marc. Nach Osthaus' Tod 1921 erwarb der zu diesem Zweck gegründete Folkwang-Museumsverein in Essen die Sammlung. Mit dem Bestand des Kunstmuseums zusammengeführt, wurde das Museum Folkwang 1922 in Essen wiedereröffnet. Während der NS-Zeit erlebte die Sammlung das Schicksal vieler Museen – über 1000 Werke wurden beschlagnahmt. Nach dem Zweiten Weltkrieg, in dem auch das 1929 eröffnete Museumsgebäude von Edmund Körner zerstört worden war, galt es, Museum und Sammlung neu aufzubauen und Verlorenes, wenn möglich, wieder zu erwerben bzw. zu ersetzen.

Für den Besuch der Sammlungen auf 6200 Quadratmetern Ausstellungsfläche sollte man sich Zeit nehmen. Die Bestände der Malerei und Skulptur des 19. Jahrhunderts, der Klassischen Moderne und der Kunst nach 1945 mit Plakatkunst und Fotografie sowie der etwa 12 000 Blatt umfassenden Grafischen Sammlung machen das Museum Folkwang zu einem der renommiertesten Kunstmuseen der Welt. Regelmäßig wechselnde Sonderausstellungen zeigen Werke aus den Depots in neuen Zusammenhängen oder Leihgaben in- und ausländischer Museen.

Karl Ernst Osthaus
1874–1921, Kunstsammler und Mäzen. Bei Osthaus kamen Geld, Geschmack und Kenntnisreichtum zusammen. 1896 erbte er drei Millionen Goldmark, sein Studium der Philosophie und Kunstgeschichte sowie Kontakte zu Julius Meier-Graefe und Harry Graf Kessler öffneten ihm die Augen für die künstlerische Moderne. Vor allem der belgische Designer Henry van de Velde hatte es ihm angetan: nicht nur durfte dieser die Räume des Folkwang Museums in Hagen ausstatten, sondern zugleich beriet er Osthaus beim Ankauf impressionistischer Kunst.

34 | Erlöserkirche

Geht man nun die Bismarckstraße zurück zum Stadtkern, erblickt man an der Kreuzung zur Friedrichstraße eine eigenwillige Kirchenbaugruppe, bestehend aus Kirche, Saalbau und Gemeindehaus. Die »schönste Kirche des Rheinlands« wurde ab 1904 nach Plänen des berühmten Architekten Franz Schwechten errichtet. Schwechten galt als führender neoromanischer Baumeister, zu dessen bekanntesten Bauten die Kaiser-Wilhelm-Gedächtniskirche in Berlin zählt. So kann man an dem Backsteinbau mit roter Wesersandsteinverkleidung Anklänge an das Berliner Bauwerk, aber auch an den Wormser Kaiserdom erkennen. Auch hier wird der polygonale Westchor von zwei Rundtürmen flankiert. Hoch hinaus erhebt sich der Glockenturm mit offenem Glockengeschoss, ähnlich einem italienischen Campanile.

Schwechten schuf darüber hinaus eine geradezu überwältigend opulente Innenausstattung; die Familie Krupp von Bohlen und Halbach stiftete die Christusfigur für den Hauptgiebel sowie die Orgel. 1942 und 1945 von Bomben getroffen, wurden die Turmhelme, Dachstuhl und Gewölbe zerstört, die Innenausstattung ging vollständig verloren. Beim Wiederaufbau wurde wie in vielen Kirchen im Nachkriegsdeutschland zur Sicherung vor ähnlichen Katastrophen der Dachstuhl in Stahl erneuert. Die Neugestaltung des Innenraums wie auch die Entwürfe für Gitter, Türen und Fenster übernahm der in Essen geborene und in Soest tätige Künstler, Pädagoge und Philosoph Hugo Kükelhaus. Erst 1958 galt die Erlöserkirche als vollständig wiederhergestellt.

Der Innenraum ist von verblüffender Weiträumigkeit und Großzügigkeit. Die dreischiffige Emporenhalle wird von einer mächtigen Kuppel überwölbt, die von den Pendentifs, den Eckzwickeln, gehalten wird, die wiederum auf nur vier Rundpfeilern ruhen. Von allen Seiten und den Emporen ist der Blick frei auf Altar und Orgel, die gemäß dem **Wiesbadener Programm** im Chor aufgestellt ist. Die Orgel, ein Instrument der Berliner Orgelbaufirma Schuke, erklingt in den Gottesdiensten und zu den regelmäßig stattfindenden Konzerten u.a. mit dem Essener Bachchor, einem der großen Oratorienchöre des Ruhrgebiets. Die hölzerne Kanzel steht frei im Raum.

Wiesbadener Programm
1890 wandte sich der Wiesbadener Pfarrer Emil Veesenmeyer in einer Kirchenzeitung gegen die vornehmliche Verwendung des romanischen und gotischen Stils im Kirchenbau, wie vom Eisenacher Regulativ gefordert. Nicht eine bestimmte Formensprache, sondern die lebendige Gemeinde und die Predigt stünden im Vordergrund. Im ganzen deutschsprachigen Raum wurde das Programm als Leitidee für die Schaffung einer dritten evangelischen Kirche bekannt. Erster Kirchenbau nach diesen Maßstäben, in denen Altar, Kanzel und Orgel in der Mittelachse des Innenraums stehen sollten, war die Wiesbadener Ringkirche (1894).

Das **Krupp-Imperium** erbte zunächst Friedrich Alfred Krupp, dessen Witwe Margarethe das Unternehmen 1913 in eine Aktiengesellschaft umwandelte. Unter Alfried Krupp von Bohlen und Halbach war das Unternehmen ein kriegswichtiger Rüstungsproduzent, der Zehntausende Zwangsarbeiter, darunter KZ-Häftlinge und Kriegsgefangene, beschäftigte. Alfried Krupp wurde in einem der Nürnberger Prozesse zu zwölf Jahren Haft verurteilt. 1953 setzte er Berthold Beitz als Generalbevollmächtigten ein. Der letzte Krupp, Arndt, verzichtete auf das Erbe, das Vermögen ging in die Krupp-Stiftung. Die Firma fusionierte 1992 mit Hoesch und 1999 zur Thyssenkrupp AG.

35 | Villa Hügel

Hügel 1, 45133 Essen, S-Bahnhof Hügel,
Di–So 10–18 Uhr, www.villahuegel.de

In idyllischer Lage im Essener Stadtteil Bredeney, auf einem Hügel über der Ruhr, starteten 1870 die Bauarbeiten zu einem Großprojekt, von dem sich der Industriegigant Alfred **Krupp** nicht nur ein gesundes Leben auf dem Lande versprach, sondern auch einen Ort der seinem Unternehmen angemessenen Repräsentation. Berühmte Architekten engagierte er nicht, dafür grundsolide Baumeister, die folgsam seine Entwürfe und Skizzen zu realisieren hatten. Drei Jahre später stand der Bau mit 269 Räumen auf 8100 Quadratmetern Wohnfläche – ein Prachtstück, ausgestattet mit modernster Technik. Herzstück war eine erste Klimaanlage, denn der Bauherr litt an großer Angst vor Seuchen – aber leider trieb diese mit ihrem stetigen Klappern die Bewohner zur Verzweiflung, so sagt es die Legende. Mit einer 1890 eingerichteten öffentlichen Bahnstation, einem Wasserwerk bis hin zur Land-, Jagd- und Forstwirtschaft zur Selbstversorgung bot die Villa auch den passenden Rahmen, gekrönte und ungekrönte Prominenz zu empfangen. Spätere Generationen der Familie ließen wiederholt umbauen, so 1912/15 unter Mitwirkung des Architekten Paul Schultze-Naumburg. Die Villa ist heute Eigentum der Alfried Krupp von Bohlen und Halbach-Stiftung und seit 1953 Ort bedeutender Kunstausstellungen. So wurde während des Wiederaufbaus des Doms der Essener Münsterschatz gezeigt. Seit 1955 arbeitet hier das Historische Archiv Krupp, das älteste deutsche Wirtschaftsarchiv, dessen »Historische Ausstellung Krupp« im Kleinen Haus über die Geschichte der Familie und des Unternehmens informiert. Im Erdgeschoss erfährt man anhand einer Fülle von Dokumenten, Fotos, Büsten und Preziosen zunächst Wissenswertes über die Generationen der Familie und die Alfried Krupp von Bohlen und Halbach-Stiftung. Das Obergeschoss ist der Firmengeschichte von den Anfängen 1811 bis zur Fusion mit Thyssen in der jüngsten Vergangenheit vorbehalten, wobei das umfassende und kluge Kruppsche Sozialsystem Beachtung findet. Die wichtigen Räume, die es im Großen Haus zu besichtigen gilt, sind die Bibliothek, die Obere und Untere Halle, Krupps Arbeitszimmer, der Gartensaal, die erlesene Gemäldesammlung und die Kollektion flämischer Wandteppiche aus drei Jahrhunderten.

Der 28 Hektar große Hügelpark wurde um 1871 von Alfred Krupp angelegt, der sich weder mit Gartenarchi-

Der 1931–1933 von über 2000 Erwerbslosen im Auftrag des Ruhrverbands angelegte, 7,8 Kilometer lange **Baldeneysee** ist heute ein beliebtes Naherholungsgebiet. Eine etwa zweistündige Fahrt mit einem Dampfer der »Weißen Flotte« (Fahrpläne unter www.baldeneysee.com/baldeneysee/linienfahrten/) führt von Mai bis Oktober vorbei an der Villa Hügel, der stillgelegten Zeche Carl Funke und dem aus dem 13. Jahrhundert stammenden reizvollen Schloss Baldeney. Eine Umwanderung des Sees vermittelt vielfältige Landschafts- und Natureindrücke.

Kleines Haus

tekten einigen konnte noch die Geduld aufbrachte, dem Wachsen der Bäume zuzusehen. Also ließ er, dem Vorbild des Fürsten Hermann von Pückler-Muskau folgend, ganze Alleen alter Bäume ausgraben und auf dem ursprünglich kahlen Hügel einpflanzen. Die Interessen von Sohn Friedrich Alfred Krupp jedoch lagen eher im Exotischen. Er ließ um 1900 Bananenstauden, Agaven und Palmen pflanzen. Seine Umgestaltung zu einem englischen Landschaftspark erhielt der Park in den 1950er und 1960er Jahren. Von den einst 50 Gebäuden stehen heute neben der Villa nur noch das frühere Gästehaus, drei originale Portiershäuschen und das »Spatzenhaus«, 1894 als Spielhaus für die Krupp-Töchter Bertha und Barbara erbaut. Auf einer Wiese sieht man die Skulptur »Weidendes Pferd« des Bildhauers Albert Hinrich Hußmann (1914), und auch die Herren Krupp sind vertreten: ein Abguss des 1892 auf dem Firmengelände aufgestellten Standbildes von Alfred Krupp (Alois Mayer/Josef Wilhelm Menges) und das Original des Standbildes von Friedrich Alfred Krupp, das 1907 am Limbecker Platz enthüllt worden war (Hugo Lederer). Mit rund 700 Bäumen von etwa 120 Arten – teils Solitäre, teils in Gruppen –, den Rhododendronwällen, Rasenflächen und Lichtungen ist der Park zu jeder Jahreszeit einen Besuch wert.

Schiffspropeller im Hügelpark

36 | Abtei Werden

Brückstraße 54, 45239 Essen, Di–So 10–12 Uhr

Etwa zwei Stunden sollte man sich für den Besuch des Stadtteils Werden nehmen, der mit der S-Bahn in kurzer Zeit erreichbar ist. Neben malerischen Fachwerkhäusern, Kirchen und Resten der Stadtmauer von 1317 haben sich in Werden zahlreiche Zeugnisse der Tuchfabrikation des 19. und 20. Jahrhunderts erhalten, aber auch Bauwerke der von Karl Friedrich Schinkel geprägten Architektur.

Die Basilika St. Ludgerus, seit 809 Grablege des Sachsenmissionars Hl. Liudger, der die Benediktiner- und Reichsabtei Werden 799 als Kloster gründete, entstand bis 1275 im Übergangsstil von der Romanik zur Gotik. In der Krypta findet man des Hl. Liudgers Bronzesarkophag, einen seit 1200 Jahren bedeutenden Pilgerort. Von größter Pracht und Herrlichkeit sind die Kunstwerke, die die 1979 eröffnete Schatzkammer birgt. Rund 90 Objekte, darunter Goldschmiede- und Elfenbeinkunst, Textilfragmente, liturgisches Gerät und mittelalterliche Handschriften, kann man im ehemaligen Ostflügel der Abtei besichtigen. Das bedeutendste Kunstwerk ist das berühmte **Werdener Kruzifix**.

Das **Werdener Kruzifix** entstand im 11. Jahrhundert aus einer hochkupferhaltigen Bronze. Das Material ließ einst das Kreuz golden leuchten. Lange Zeit befand es sich in Helmstedt, weshalb es auch Helmstedter Kreuz genannt wird. Es zählt neben der Goldenen Madonna (siehe Dom) zu den bedeutendsten mittelalterlichen Kunstschätzen des Ruhrgebietes. Die Christusfigur ist mit geschlossenen Augen als stiller Dulder dargestellt; vier Nägel hielten ihn am Kreuz, das nicht erhalten ist. Diese Darstellung bevorzugte man in der Romanik, bis zur Auffindung des Turiner Grabtuches um 1250, das nur drei Nägel wiedergibt.

Essen an einem Tag. Ein Stadtrundgang
Herausgegeben von Mark Lehmstedt

Text: Steffi Böttger
Lektorat: Kristina Schulze/Lehmstedt Verlag
Karte: OpenStreetMap-Mitwirkende, geodressing.de
Fotos: Elke Zorn, außer: Werner Otto/Alamy Stock Foto (U1 Klappe), Zeche Zollverein (U2), Thomas Robbin/Architektur Bildarchiv (U4, S. 9, 11, 29, 59), Lichtburg Essen (S. 6), Thomas Herrmann/Lichtburg Essen (S. 7), Westend61 GmbH/Alamy Stock Foto (S. 12), Christian Diehl/Domschatz Essen (S. 14, 16 o., 21), Peter Prengel/Stadtbildstelle Essen (S. 25), Hajo Dietz/Nürnberg Luftbild (S. 44), Jochen Tack/Zeche Zollverein (S. 47 o., 50), Bernadette Grimmenstein (S.51), Frank Vinken (S. 53), Giorgio Pastore/Museum Folkwang (S. 56, 57), Peter Gwiazda/Alfried Krupp von Bohlen und Halbach-Stiftung (S. 60, 61, 62), Achim Pohl/Schatzkammer Werden (S. 63)
Gestaltung: Mareike Bardenhagen/Lehmstedt Verlag
Druck: Himmer GmbH, Augsburg

Umschlag:
1: Doppelbockfördergerüst
2: Alfred-Krupp-Denkmal im Park der Villa Hügel
3: Karte der Zeche Zollverein
4: Bischofshaus
5: Wappen am Rathaus

1. Auflage, 2020
ISBN 978-3-95797-071-8